Inhalt

Familienleben

Religiöse Feste und Schriften

Liebe

Die ewige Schönheit sind wir

Eine Sammlung von zeitlosen Botschaften von Amma

Zusammengestellt
und übersetzt von
Swami Amritaswarupananda Puri

Mata Amritanandamayi Center, San Ramon
Kalifornien, Vereinigte Staaten

Die ewige Schönheit sind wir

Eine Sammlung von zeitlosen Botschaften von Amma

Zusammengestellt und übersetzt von
Swami Amritaswarupananda Puri

Herausgegeben von:
Mata Amritanandamayi Center
P.O. Box 613
San Ramon, CA 94583-0613, USA

International:
  www.amma.org
  inform@amritapuri.org

In Deutschland: www.amma.de

In der Schweiz: www.amma-schweiz.ch

Sanātana Dharma

Durch Form erreichen wir Formlosigkeit

Kinder, die einzige Ursache für die Erschaffung, Erhaltung und Zerstörung des Universums ist Gott. Hier sind sich alle, die an Gott glauben, einig. Allerdings haben die Devotees unterschiedliche Meinungen und Zweifel hinsichtlich der wahren Natur Gottes: Was ist der wahre Name und die wahre Gestalt Gottes? Was sind seine Eigenschaften?

In Wahrheit kann Gott weder mit dem Mind[1] verstanden noch mit bloßen Worten erklärt werden. Trotzdem können wir durch spirituelle Praxis Gott erfahren und erkennen.

---

[1] Mind = Fluss, all unserer Gedanken, Gefühle, Konzepte und innewohnenden Neigungen, der mit dem Pendel einer Uhr verglichen werden kann. Wie das Pendel einer Uhr schwingt der Mind ununterbrochen von Glück zu Leid und wieder zurück.

Diese Erfahrung kann man nicht mit Worten fassen. Wenn sich ein Baby verletzt, kann es dann erklären: „Wie sehr es weh tut?" Oder wenn es glücklich ist, kann es dann erklären: „Ich bin so glücklich"?

So wie sich Wasser als Eis, Flüssigkeit oder Dampf manifestieren kann, ist Gott sowohl mit als auch ohne Eigenschaften. Er manifestiert sich als Dualität und als das vielschichtige Universum.

Gott hat weder einen bestimmten Namen noch eine bestimmte Form, er ist eher wie ein Schauspieler, der auf der Bühne erscheint und verschiedene Rollen spielt. Auf diese Weise nimmt Gott je nach dem Wunsch des Devotees verschiedene Zustände und Formen des Seins an, wie Śhiva, Viṣhṇu und Dēvī. Wird eine Schokoladenfigur erhitzt, schmilzt sie und wird formlos. Aber unabhängig davon, welche Form die Schokolade annimmt, bleibt die wahre Natur der Schokolade immer dieselbe.

Um Gott zu erkennen und zu verehren, ist es am einfachsten sich vorzustellen, dass er eine Form hat. Jemand, der durstig ist, muss seine Hand zu einem Gefäß formen oder einen Becher benutzen, um Wasser aus einem Fluss zu schöpfen. Jemand, der einen langen Stock hat, kann eine Mango von einem Baum pflücken, auch wenn er nicht klettern kann. In ähnlicher Weise können wir Gott verehren und verwirklichen, wenn wir uns vorstellen, dass er eine Form hat und diese Form als unser Hilfsmittel benutzen.

Einmal war eine Vogelmutter auf Futtersuche und verletzte sich dabei an einem Flügel. Sie konnte nicht mehr fliegen und wurde sehr traurig, weil sie nicht zu ihrem Nest auf der anderen Flussseite zurückkehren konnte. Sie machte sich Sorgen um ihre hilflosen Vogelbabys und wurde sehr unruhig. In diesem Moment sah sie einen Eisbrocken im Fluss schwimmen. Ohne große Mühe sprang sie darauf. Ein günstiger Wind schob das Eis an das gegenüberliegende Ufer und sie konnte zu ihrem Nest zurückkehren.

Diejenigen von uns, die verzweifelt darum kämpfen, den formlosen Gott ohne jegliche Attribute zu erkennen, sind wie dieser verletzte

Vogel, der versucht, nach Hause zu kommen. Wir können Gott erkennen, indem wir ihn als einen Gott mit Form und Eigenschaften verehren. Das Wasser im Fluss hatte keine Form, aber es wurde zu einem festen Eisklumpen, der dem hilflosen Vogel half, den Fluss zu überqueren. Genauso sollte die Verehrung Gottes mit Form und Eigenschaften zu unserem ständigen Begleiter werden, um die Freiheit vom Ozean des Saṁsāra zu erlangen. Dann wird uns die günstige Brise der göttlichen Gnade zur Befreiung führen.

Von der Hingabe aus Angst zur Hingabe aus Liebe

Kinder, manche Leute fragen: „Welche Bedeutung hat Bhaya-Bhakti (Hingabe aus Angst) auf dem Pfad der Hingabe? Ist sie nicht eher ungesund?"

Es kann nicht gesagt werden, dass Bhaya-Bhakti ungesund ist. Auch wenn es in der vollkommenen Hingabe keinen Platz für Angst gibt, hilft ein gewisses Maß an Angst einem Anfänger definitiv zu wachsen. Gott, als der einzige Beschützer des Universums, ist auch derjenige, durch den alle Wesen die Resultate ihrer Handlungen bekommen. Gott schützt alle guten Menschen und bestraft die Bösen. Ein Mensch, der sich bewusst ist, dass er die Folgen all seiner schlechten Handlungen ertragen muss, wird eine gewisse Angst empfinden, die sich mit seiner Hingabe vermischt. Diese Angst macht ihn jedoch stark, weil sie sein Unterscheidungsvermögen weckt. Sie hilft ihm, keine Fehler mehr zu machen und auf dem richtigen Weg weiterzugehen.

Bhaya-Bhakti ist nicht wie die Angst, die ein Sklave gegenüber seinem Herrn hat. Es ist eher so, als wenn ein Schüler seinem Lehrer gegenüber Furcht und Respekt empfindet oder wie ein Kind seiner Mutter gegenüber unschuldige Liebe zeigt. Dies ist die Haltung, die wir Gott gegenüber haben sollten.

Ein Kind liebt seine Mutter. Es glaubt wirklich, dass seine Mutter seine einzige Beschützerin ist. Es weiß aber auch, dass seine Mutter nicht zögert, es zu bestrafen, wenn es einen Fehler macht. In seine Liebe zu ihr mischt sich auch ein wenig Angst. Es ist diese Angst, die es vor vielen Unfällen und Fehlern bewahrt. Ein Kind hat viele unreife Neigungen und Schwächen, wodurch es viele Fehler macht. Aus Angst, dass seine Mutter wütend wird und es bestraft, versucht es Fehler zu vermeiden. So weckt die Angst vor seiner Mutter das Unterscheidungsvermögen des Kindes und es gewinnt allmählich die Kraft, den richtigen Weg zu gehen. Aber die Angst hält es nicht davon ab, die Liebe seiner

Mutter zu spüren. Im Gegenteil, diese Liebe hilft ihm zu wachsen.

In jungen Jahren lernen Kinder gut, weil sie Angst haben, dass der Lehrer sie bestraft, wenn sie es nicht tun. Diese Angst hilft ihnen, ihre Faulheit zu überwinden, viel zu lernen und schulische Spitzenleistungen zu erzielen. Wenn sie höhere Klassenstufen erreichen, verschwindet diese Angst. Aber bis dahin haben sie genug Unterscheidungsvermögen erworben, um ihr Studium auch ohne Angst ernsthaft zu absolvieren. Dann gibt es keinen Grund mehr, Angst zu haben. Sie haben gegenüber ihren Lehrern lediglich Respekt und Gehorsam Die meisten Devotees haben eine solche Haltung gegenüber Gott.

Wenn ein Devotee auf dem Weg ist, verwandelt sich Bhaya-Bhakti in Hingabe, die von Liebe erfüllt ist. In dieser Hingabe gibt es absolut keine Angst mehr. Aufgrund der Liebe zu Gott wird sogar die Bestrafung durch Gott mit Freude und Glück angenommen. Durch die Intensität dieser Hingabe verschwindet jede Tendenz, einen Fehler zu machen.

Ein wahrer Devotee ist wie ein kleines Kind, das im Schoß seiner liebenden Mutter ruht. Er vergisst alles andere.

Verehrung von Abbildern Gottes

Jemand fragte mich kürzlich: Anstatt das Abbild Gottes zu verehren, sollten wir nicht lieber den Bildhauer verehren?"

Kinder, wenn wir die Flagge unserer Nation sehen, denken wir dann an den Schneider, der sie genäht hat? Nein. Niemand scheint sich an ihn zu erinnern. Was wir in Erinnerung behalten, ist unser Land. Genauso sollten wir, wenn wir ein Abbild Gottes sehen, nicht an den Bildhauer denken, sondern an das Prinzip, das damit dargestellt wird: den wahren Schöpfer, der das gesamte Universum erschaffen hat.

Um die Verehrung Gottes in Form von Statuen oder Bildern zu verstehen, muss man die Prinzipien dahinter sehen. In Wahrheit hat Gott keinen bestimmten Namen, keine bestimmte Form und keinen bestimmten Aufenthaltsort. Gott ist jenseits von Zeit und Raum. Sein Wesen ist absolute Glückseligkeit. Er ist die Wahrheit ohne Form oder irgendein anderes Attribut. Für die meisten Menschen ist es jedoch unmöglich, die Allgegenwärtigkeit Gottes ohne die Hilfe eines konkreten Symbols zu verehren. Gegenwärtig ist unser Mind an diese materielle Welt und ihre verschiedenen Formen gebunden und damit verhaftet. Verehrung einer göttlichen Form hilft, den Mind nach innen zu wenden. Dort können wir allmählich die Göttlichkeit wahrnehmen, die das Substrat des Mindes ist.

Wollen wir unser Spiegelbild klar und deutlich sehen, müssen wir zuerst Staub und Schmutz vom Spiegel abwischen. Genauso müssen wir, um unsere wahre Natur im Spiegel des Mindes zu sehen, zuerst alle Unreinheiten entfernen, die sich dort angesammelt haben. Die Verehrung einer göttlichen Form reinigt unseren Mind allmählich und fördert tiefere Konzentration. Deshalb betonten die alten Weisen des Sanātana Dharma, wie wichtig die Verehrung von Tempeln und Gottes Abbildungen sind.

Manche sagen, dass die Verehrung eines Abbildes von Gott ein Zeichen für einen unreifen Mind ist. Das ist dann der Fall, wenn die Verehrung eines Abbildes Gottes auf der falschen Vorstellung beruht, dass Gott an einem bestimmten Ort und in einer bestimmten Form wohnt. Gott ist allgegenwärtig. Gott ist die letztendliche Quelle für alles, was existiert. Führen wir die Verehrung Gottes mit diesem Verständnis durch, kann sie niemals unvollkommen sein; sie ist ein wertvolles Mittel (Werkzeug) für die Selbstverwirklichung. Verehren wir die Gottheit mit egoistischen Gebeten, die nur auf die Erfüllung unserer eigenen selbstsüchtigen Wünsche abzielen, dann kann man das als unreif bezeichnen. Die unkultivierteste Form davon ist, die Verehrung einer göttlichen Form, wenn man gleichzeitig andere Menschen herabwürdigt.

Wenn die Leute sagen: „Verehre nur Gott, bete nicht den Teufel an", meinen sie unser einziges Ziel sollte sein, selbst Gott zu verwirklichen.

Der „Teufel" ist das Verlangen nach Geld und Status, das Dharma und andere egoistische Haltungen beeinflusst. Es bedeutet nicht, Gott durch verschiedene Formen zu verehren. Die Verehrung Gottes in Form von Symbolen und Figuren soll helfen, das Bewusstsein für Gott zu wecken. Wenn wir das so sehen, wird deutlich, dass viele Menschen, die die Verehrung eines Abbild Gottes kritisieren, in Wirklichkeit selbst Symbole und Figuren verehren.

Obwohl Gott jenseits von Namen und Form ist, können wir Gott in jeder beliebigen Form verehren. Im gleichen Haus kann der Vater Lord Śhiva, die Mutter Lord Kṛiṣhṇa und der Sohn Dēvī verehren. Deshalb wird sie Iṣṭha daivam genannt - unsere „Lieblingsgottheit". Wir sollten die Prinzipien verstehen, die hinter der Verehrung Gottes in verschiedenen Formen verborgen sind. Eine Halskette, ein Armreif, ein Ohrring - sie alle sind aus Gold gefertigt. Ihr Grundstoff ist Gold. In ähnlicher Weise erklärt sich Gottes Existenz. Wir müssen das vereinigende Grundprinzip dieser scheinbar so vielfältigen Welt sehen. Ganz gleich, welche Form unsere Iṣṭha daivam - Śhiva, Viṣhṇu, Murugā - hat, wir müssen die Einheit erkennen. Wir müssen verstehen, dass all diese Formen nur Variationen des Einen sind. Die alten Weisen verstanden, dass die Menschen aus verschiedenen Kulturen

kamen und akzeptierten verschiedene Formen
für die Verehrung Gottes.

Durch die Verehrung eines Abbildes Gottes
sollten wir aufgeschlossen dafür werden, alle
Formen des Lebens zu lieben und zu respektieren.
Indem wir Gott in einem Abbild sehen und
zu ihm beten, reinigen wir unseren Mind und
erheben uns zu einem Ort, an dem wir Gott in
allem erkennen können. Das ist das eigentliche
Ziel dieser Verehrung.

So viele große Seelen wie Śhrī Rāmakriṣhṇa
Deva, Mīrābaī, Āṇḍāḷ und Kannaṅappa Nāyanār
erlangten Befreiung durch Verehrung von
Abbildern Gottes! Mögen meine Kinder auch
auf dieser Ebene der Wahrheit erwachen.

Ist Spiritualität eine Flucht?

Kinder, die Leute fragen oft, ob Spiritualität nicht nur eine Flucht vor dem Leben ist. Ihr müsst verstehen, dass echte Spiritualität niemals eine Flucht sein kann. Weglaufen ist der Weg der Feiglinge. Spiritualität ist der Weg der Mutigen. Sie ist eine Wissenschaft, die uns lehrt, wie wir in jeder Krise stark sein können und uns immer Glück und Zufriedenheit bewahren können. Spiritualität hilft uns, das Leben tiefer zu verstehen und die richtige Einstellung zum Leben zu bewahren.

Spiritualität bedeutet, das eigene Wahre Selbst zu erkennen. Es ist die Suche danach, wer wir sind und was der Sinn des Lebens ist. Auf diese Weise können wir die Natur der Welt und ihre Objekte verstehen.

Derzeit glauben wir, das Glück liegt in materiellen Objekten. Aber wenn das der Fall wäre, warum sind wir dann nicht zufrieden, wenn wir sie bekommen? Im Gegenteil, wir sehen einen Millionär, der einen Jet, ein Boot und eine Villa besitzt und trotzdem voller Anspannung und Sorgen ist.

In einem Dorf lebten einmal zwei Familien in zwei benachbarten Hütten. Das Oberhaupt der einen Familie sparte Geld und baute ein Haus. Da begann sein Nachbar sich zu sorgen: „Er besitzt ein Haus, während ich immer noch in dieser Hütte wohne." Also begann er mühsam Geld zu sparen. Er lieh sich auch etwas. Auf diese Weise mühte er sich ab, um auch ein Haus zu bauen. Dabei träumte er davon, wie er eines Tages glücklich in seinem neuen Haus leben würde.

Als sein Haus endlich fertig war, sprang er vor Freude in die Luft. Er lud seine Verwandten und Freunde zu einem Fest ein und begann, glücklich in dem neuen Haus zu leben. Aber nach ein paar Monaten wurde er deprimiert. Jemand fragte ihn: „Was ist denn geschehen?"

Er antwortete: „Unser Nachbar hat in seinem Haus eine Klimaanlage installiert und einen Marmorboden verlegt. Mein Haus ist dagegen eine Müllhalde."

Das Haus, das ihn vor kurzem noch mit Freude erfüllt hatte, war nun eine Quelle der Sorge. Dies beweist, dass Glück nicht in materiellen Objekten zu finden ist. In Wirklichkeit ist unsere Erfahrung von Glück von unserem Mind abhängig. Wird der Mind friedlich, werden wir Glück ohne Probleme erleben.

Wenn wir das Geheimnis des Glücks erkennen, werden wir aufhören, blindlings materiellen Dingen nachzujagen. Wenn wir Spiritualität verinnerlichen, können wir unsere Mitmenschen wie unser eigenes Selbst sehen. Wir werden unser übriges Geld mit den Armen und Bedürftigen teilen. Wir werden bereit sein, andere zu lieben und ihnen mit offenem Herzen zu dienen. Wahre spirituelle Entwicklung besteht darin, die mentale Stärke zu haben, alles anzunehmen und dabei der Welt mitfühlend zu dienen.

Ist die Welt eine Illusion?

Viele Menschen fragen Amma: „Warum wird diese Welt als Māyā - eine Illusion bezeichnet?"

Kinder, eine Illusion ist etwas, das die Wahrheit verbirgt und uns von ihr wegführt. Die Welt wird als Illusion bezeichnet, weil sie die Wahrheit - die Quelle des ewigen Friedens - vor uns verbirgt. Was ist unsere gegenwärtige Erfahrung? Wir glauben, dass verschiedene materielle Erfolge, Beziehungen und Objekte uns ewigen Frieden und Glück geben werden, deshalb verfolgen wir sie begierig. Tatsächlich führt uns dieses Bestreben davon weg. Das ist Māyā, eine Illusion.

Während des Träumens ist die Traumwelt für den Träumer sehr real. Doch wenn er aufwacht, stellt er fest, dass nichts davon wahr ist. Aufgrund unseres mangelnden spirituellen Verständnisses leben wir heute in einer traumähnlichen Welt - einem Zustand der Verwirrung. Erst wenn wir aus dieser

Unwissenheit erwachen, werden wir erkennen, was die Wahrheit ist.

Einmal saß ein sehr armer Junge am Flussufer und angelte. Nach einer Weile sah er einen Elefanten, der sich ihm näherte, begleitet von einer großen Menschenmenge. Der Elefant hielt mit seinem Rüssel eine Blumengirlande. Er blieb vor ihm stehen und legte ihm die Girlande um den Hals. Die Menge applaudierte enthusiastisch. Die Leute erzählten ihm, dass dies das Ritual für die Wahl des nächsten Königs sei. Derjenige, den der Elefant auswählt, würde der nächste König werden. Bald darauf wurde der Junge zum König gekrönt und heiratete die Prinzessin.

Eines Tages ritten die Prinzessin und der Junge auf einen Berg in der Nähe des Palastes. Plötzlich gab es einen großen Sturm. Beide Pferde und Reiter stürzten den Berg hinab. Die Prinzessin und die Pferde stürzten in den Tod, aber irgendwie gelang es dem Jungen, sich während des Sturzes an einem Ast festzuhalten und zu überleben. Es war ein langer Weg nach unten, aber er hatte keine andere Wahl. Er musste loslassen. Er schloss seine Augen und ließ sich fallen.

Als er sie öffnete, sah er weder den Berg noch die Pferde noch seine Prinzessin. Er sah nur das Flussufer und seine Angelrute. Da merkte er, dass er eingeschlafen war und alles nur geträumt hatte.

Auch wenn alles im Traum sehr real erschien, war der Junge nun überhaupt nicht traurig über den Verlust der Prinzessin oder des Palastes.

Genau wie der Junge in der Geschichte leben wir heute in einer Traumwelt, in völliger Unkenntnis der Wirklichkeit. In dieser Traumwelt sind die meisten Menschen sehr auf Erfolg und Gewinn fixiert und fürchten Misserfolg und Verlust. Wenn sich die Dinge nicht zu ihren Gunsten entwickeln, haben sie das Gefühl, dass ihre ganze Welt zusammenbricht! Diese Welt, in der Erfolg mit Glück und Misserfolg mit Leid, gleichgesetzt wird, diese Welt ist ein Traum, aus dem wir erwachen müssen. Das ist Māyā. Es gibt nur eine Quelle für das wahre Glück und das ist der Ātmā - unser Wahres

Selbst. Wir müssen zu diesem Bewusstsein erwachen. Dann werden wir, unabhängig von dem, was im Leben geschieht, voller Frieden und Glückseligkeit bleiben.

Wenn diese Welt Māyā ist, wie sollen wir dann damit umgehen? Sollen wir diese Welt ablehnen? Definitiv nicht. Wir müssen der Welt mit den verschiedenen Erfahrungen, die sie uns bietet, nur mit Vivēka - Unterscheidungsvermögen begegnen. Dann wird die Welt selbst alles dazu beitragen, uns zur Wahrheit zu führen. Wenn wir dies tun, werden wir in der Lage sein, in allem das Gute zu sehen. Ein Mörder benutzt ein Messer, um zu töten, aber ein Arzt benutzt es, um Leben zu retten. Anstatt also die Welt abzulehnen und zu sagen: „Es ist nur eine Illusion", sollten wir versuchen, den Wert und die Prinzipien hinter all unseren Lebenserfahrungen zu verstehen. Lasst euch von diesem Verständnis leiten.

Diejenigen, die die Natur von Māyā verstehen, sind die wahren Beschützer der Welt. Sie fallen niemals der Illusion, Māyā, zum Opfer. Diejenigen, die die Natur der Welt nicht verstehen, zerstören nicht nur sich selbst, sondern werden auch zu einer Last für andere. Diejenigen, die in allem das Gute sehen, werden zum Guten geführt und von dort aus erkennen sie die Wahrheit.

Die Bedeutung des Gurus

Kinder, manche Menschen fragen: „Wenn Gott und der Guru letztlich im Inneren sind, wozu brauchen wir dann einen äußeren Guru?" Es ist wahr, dass Gott und Guru im Inneren existieren, aber die meisten von uns sind nicht fähig, Gott im Inneren zu erkennen oder sich vom inneren Guru führen zu lassen. Wenige werden mit einer spirituellen Einstellung und Veranlagung geboren, die sie in früheren Leben erworben haben. Solche Menschen mögen die spirituelle Wahrheit ohne Hilfe eines lebenden Gurus erkennen, aber die meisten Menschen brauchen einen Guru.

Ein Satguru ist tatsächlich Gott in menschlicher Gestalt. Der Guru führt mit äußerster Freundlichkeit und Geduld den Schüler, der durch viele Schwächen und Mängel geprägt ist. Der Guru gibt die notwendigen Anweisungen, Lehren und Erklärungen, damit wir die spirituellen Prinzipien in ihrer einfachsten und reinsten Form aufnehmen können. Für den Schüler steht der Guru deshalb sogar über Gott.

Spiritualität ist das genaue Gegenteil von Materialismus. Kommen wir also mit unserer materialistischen Weltanschauung zum spirituellen Leben, scheitern wir. Es dauert eine Weile, bis wir das verstehen. Doch der Guru erklärt und zeigt es in seiner unendlichen Geduld immer und immer wieder, bis der Schüler dies endlich versteht. Will man eine Fremdsprache lernen, sollte man am besten mit jemandem zusammenleben, der die zu lernende Sprache als Muttersprache hat. Die Muttersprache des Gurus ist Spiritualität.

Was uns die Schriften lehren, ist sehr subtil. Sie erklären das Geheimnis unseres wahren Seins, das die Grundlage ist, auf der das Universum aufgebaut ist. Versklavt durch den Mind und zahllose über Generationen angesammelte Neigungen, haben wir keinen Anhaltspunkt, um diese Wahrheit zu verstehen. Alles, was der Guru uns beibringt, ist das Gegenteil von dem, was wir bisher gelernt haben. Wir sind darauf konditioniert worden zu glauben, dass

Glück von äußeren Objekten kommt, aber der Guru sagt uns: „Nein, Glück kommt nur von innen." Uns wurde gesagt, wir sollten versuchen, unsere Wünsche zu erfüllen; der Guru sagt uns, es ist besser, sie zu überwinden. Man hat uns gesagt, dass wir geboren werden und eines Tages sterben; der Guru sagt uns, dass wir geburtslos und unvergänglich sind. Im Grunde ist es also die Aufgabe des Gurus, uns völlig neu zu erschaffen. Der Guru kann mit einem Bildhauer verglichen werden. Der Bildhauer sieht die Skulptur, die im Inneren des Steins verborgen ist. Während er die überflüssigen Teile des Steins entfernt, erscheint allmählich die verborgene wunderschöne Form. Auf diese Weise bringt ein wahrer Guru die Wahrheit im Inneren des Schülers hervor. Wenn der Schüler den Lehren des Gurus folgt und seine spirituellen Übungen ausführt, verschwindet seine Unwissenheit und die Wahrheit offenbart sich.

Fällt Regen auf einen Berggipfel, fließt das Wasser nach unten. Die Natur unseres Mindes ist ähnlich. In einem Moment mögen wir denken, dass unser Mind völlig erhaben ist und in höheren Sphären schwebt. Doch innerhalb von Sekunden sinkt er nach unten. Die Schwächen vom Mind des Schülers kennt der Guru und er weiß, wie er ihm helfen kann, diese zu überwinden. Auch wenn Wasser von Natur aus nach unten fließt, kann es durch die Wärme der Sonne zu Dampf werden und aufsteigen. Der Guru weiß, wenn er im Schüler das Bewusstsein erweckt, dass dessen Mind auf eine höhere Ebene erhoben werden kann. Das ist das Ziel des Gurus. Er bemüht sich ständig darum. Wenn das Bewusstsein und der innere Guru des Schülers vollständig erwacht sind, braucht er die Hilfe des äußeren Gurus nicht mehr.

Jedes Wort, das von einer solch erwachten Person ausgesprochen wird, ist Satsang. Jede Handlung, eines solchen Menschen ist ein Gebet, eine Meditation. Jeder Atemzug, den solch ein Mensch macht, kann der Welt nur nützlich sein.

Damit der Guru erscheinen kann, muss zuerst die Bereitschaft des Schülers erwachen.

Er muss bereit sein, diszipliniert zu werden. Um sich Wissen anzueignen, ist es essenziell, sich gut vorzubereiten. Für den Satguru existiert nur eine unsterbliche Einheit. Er sieht letztlich alles als reines Bewusstsein. Für ihn gibt es weder Guru noch Schüler, weder Mutter noch Kind - nur die ewige Einheit. Für unsere Entwicklung kommt der Guru jedoch auf unsere Ebene herab. Die Sehnsucht des Schülers sein wahres Wesen zu erkennen, ist dabei entscheidend.

Wie man beten soll

Kinder, die Verehrung ist der beste Weg, um eine dauerhafte emotionale Beziehung zu Gott aufzubauen und unsere Herzen für Gott zu öffnen. Sie ist wie eine Brücke, die das individuelle Selbst mit dem Höchsten Selbst verbindet. Ein kleines Kind kommt von der Schule nach Hause, lässt seine Schreibtafel und seinen Bleistift fallen und rennt zu seiner Mutter. Eifrig erzählt es ihr alles, was in der Schule passiert ist, die Geschichten, die die Lehrerin erzählt hat, und die Vögel, die es auf dem Heimweg gesehen hat. In vergleichbarer Weise hilft uns das Gebet, eine innige Verbindung zu Gott zu entwickeln. Wenn wir unsere Bürde mit Gott teilen, hilft uns das, sie loszulassen.

Wir sollten die Haltung einnehmen, dass Gott unser einziger Trost ist. Wir sollten Gott als unseren besten Freund betrachten - einen Freund, der immer bei uns ist, in jeder Situation und in jeder Gefahr. Öffnen wir unser Herz für

Gott, werden wir unbewusst zu den höheren Ebenen der Hingabe getragen.

Heutzutage verstehen viele Menschen jedoch nicht, wie man richtig betet. Viele denken, dass ein Gebet nur ein Mittel ist, um ihre weltlichen Wünsche zu erfüllen. Die Liebe solcher Menschen gilt nicht Gott, sondern den materiellen Dingen. In der heutigen Welt beten die Menschen sogar dafür, dass anderen etwas Schlechtes widerfährt.

Ein wahrer Devotee sollte niemals auch nur daran denken, anderen zu schaden. Unsere Gebete sollten sein: „Oh Gott! Möge ich keine Fehler begehen! Bitte gib mir die Kraft, die Fehler anderer zu vergeben! Bitte vergib mir meine Fehler und bitte segne jeden in der Schöpfung!" Wenn wir auf diese Weise beten, werden wir friedvoll. Die Schwingungen solcher Gebete reinigen auch die Atmosphäre. Wenn unsere Umgebung rein wird, hat das auch positive Auswirkungen auf unser Leben.

Gebete zum Wohle der Welt sind die höchste Form des Gebets. Was wir brauchen, sind Gebete, die völlig frei von egoistischen

Wünschen sind. Pflücken wir Blumen für die Verehrung Gottes, sind wir die ersten, die sich an ihrer Schönheit und ihrem Duft erfreuen - auch wenn das nicht unsere Absicht ist. Beten wir für das Wohl der gesamten Schöpfung, wird unser Herz sehr weit. Zudem helfen diese Gebete auch der Welt.

So wie eine Kerze schmilzt, um anderen Licht zu spenden, ist der Wunsch eines wahren Devotee, sich aufzuopfern, um anderen zu helfen. Sein Ziel ist es, einen Mind zu entwickeln, der anderen Glück schenkt und dabei sein eigenes Leid vergisst. Solche Menschen müssen nicht auf der Suche nach Gott umherwandern; Gott wird sie suchen. Gott wird wie ein Diener bei ihnen sein.

Reinkarnation

Viele fragen, ob die Wiedergeburt eine Realität ist. Wenn diese Geburt wahr ist, warum sollte dann die Wiedergeburt nicht real sein? Es ist falsch zu glauben, dass das Leben allein mit dem Mind erkannt werden kann. Das Leben ist eine Mischung aus Logik und Mysterium.

Wir sollten davon ausgehen, dass wir schon einmal gelebt haben und erneut leben werden, weil wir jetzt leben. Alles im Universum ist zyklisch. Wir können diese Regelmäßigkeit im Wechsel der Jahreszeiten, im Kreisen der Erde um die Sonne, im Umlauf der Planeten usw sehen. Ebenso ist es nicht falsch anzunehmen, dass auch Geburt und Tod zyklisch sind.

Einmal unterhielt sich ein Zwillingspaar im Mutterleib. Die Schwester sagte zu ihrem Bruder: „Ich glaube, es gibt ein Leben nach dem hier".

Der Bruder war damit nicht einverstanden. „Auf keinen Fall. Es gibt keine andere Welt jenseits dieser, die wir jetzt sehen und erleben. Diese unsere Welt ist dunkel und bequem. All unsere Bedürfnisse werden durch diese Schnur gestillt. Wir sollten unsere Beziehung dazu nicht verlieren. Wir brauchen sonst nichts zu tun."

Die Schwester sagte: „Ich bin der festen Überzeugung, dass es jenseits dieser dunklen Welt eine große Welt voller Leben gibt."

Der Bruder konnte diese Argumente nicht einmal ansatzweise akzeptieren.

Die Schwester sagte wieder: „Ich habe noch etwas zu sagen. Vielleicht fällt es dir schwer, das zu akzeptieren, aber ich glaube, dass wir eine Mutter haben, die uns auf die Welt bringen wird."

„Eine Mutter? Was redest du da für einen Unsinn? Weder du noch ich haben diese ‚Mutter' je gesehen. Ich kann nicht glauben, dass es eine Mutter gibt, der wir nie begegnet sind."

Die Schwester sagte: „In stillen und friedlichen Momenten kann ich diese Mutter singen hören. Dann erlebe ich die Liebe und Zärtlichkeit unserer Mutter, die uns umgibt und streichelt."

Heilige und Weise, die Kenner der Wahrheit, verbreiteten als erste das Wissen um die Wiedergeburt. Die Resultate der guten und schlechten

Handlungen, die wir in diesem Leben tun, erhalten wir nicht vollständig. Wir erfahren einige auch in den folgenden Leben. Der Grund für die Wiedergeburt ist, dass wir die angesammelten Früchte unserer Handlungen erleben müssen.

Zum Zeitpunkt des Todes wird es gute und schlechte Tendenzen geben, die den Körper verlassen. Ohne einen grobstofflichen Körper können diese latenten Tendenzen nicht agieren. Das ist der Grund warum das Leben, nach einem Tod erneut in einen dafür geeigneten Körper eintritt.

Können wir uns nicht mehr an einen Liedtext erinnern, den wir in unserer Jugend gelernt haben, sagen wir dann, dass wir das Lied nie gelernt haben? Erinnern wir uns nicht mehr an Ereignisse und Erfahrungen aus einem früheren Leben, können wir nicht sagen, dass es kein früheres Leben gegeben hat. Gewöhnlich erinnern sich Menschen nicht an frühere Leben, aber wenn der Mind durch Meditation subtiler wird, werden wir auch in der Lage sein, unsere früheren Leben zu erinnern.

Ist Gott parteilich?

Einige Kinder fragen Amma, ob Gott Böse-
wichte ablehnt und Rechtschaffene mag. In
Wirklichkeit ist Gott nicht parteiisch. Für Gott
sind alle gleich. Die Sonne scheint auf alle Wesen
gleichermaßen, ob sie empfindungsfähig sind
oder nicht. Zu sagen: „Gott liebt mich nicht",
ist so, als würde man die Türen und Fenster
des Zimmers schließen und sich darüber beschweren, dass die Sonne mir kein Licht gibt.
Der Fluss versorgt den Sandelholzbaum und den
indischen Korallenbaum, die an seinem Ufer
wachsen, gleichermaßen mit Wasser. Der Fluss
ist nicht schuld daran, dass der Sandelbaum
duftet, während der Korallenbaum dornig
ist. Genauso schenkt Gott allen Menschen
gleichermaßen Gnade, aber wir können diese
Gnade nur entsprechend der Natur unseres
Mindes aufnehmen.

Die meisten Menschen beten zu Gott, weil
sie etwas wollen. Während ein Sargmacher betet:
„O Gott! Sorge dafür, dass heute jemand stirbt,

damit ich wenigstens einen Sarg verkaufen kann", beten Frau und Kind eines kranken Mannes, dass ihr Mann und Vater bald wieder gesund wird. Welche dieser Gebete soll Gott erfüllen? Was jedem widerfährt, ist das Ergebnis ihres eigenen Handelns. Es hat keinen Sinn, Gott dafür verantwortlich zu machen. Gott überbringt die Ergebnisse des eigenen Karmas, aber Er ist niemals parteiisch.

Gemäß unseren Handlungen erhalten wir die Früchte. Wenn wir gute Taten vollbringen, werden wir Glück genießen. Wenn unsere Handlungen schlecht sind, werden wir Leid erfahren. Diese Regel ist für alle gleich. Manche Menschen führen jedoch Handlungen mit der Einstellung aus: „Ich bin nicht der Handelnde". Sie überlassen all ihre Handlungen Gott und erfüllen ihr Karma. Selbstsucht und Ego sind bei ihnen relativ gering. Solche Menschen werden in der Lage sein, mehr von Gottes Gnade zu empfangen.

Die Sonne reflektiert gut in klarem Wasser, aber sie reflektiert schlechter in Wasser voller Moos. Ähnlich wird es einem Mind, der mit

Arroganz, Egoismus und anderem Schmutz bedeckt ist, schwerfallen, die Gnade Gottes zu spüren. Dazu sollte das Herz rein sein und man sollte Mitgefühl mit den Leidenden haben. Solche Menschen müssen nichts tun, damit die Gnade Gottes zu ihnen fließt.

Amma erinnert sich an eine Begebenheit. Viele Menschen kamen in einen Āśhram, um den Mahātmā, der dort lebte, zu sehen und seinen Segen zu erhalten. Eines Tages, als er Besucher empfing, erbrach sich plötzlich ein kleines Kind. Der Gestank war unerträglich und einige Leute hielten sich die Nase zu, während andere den Platz mieden. Einige andere kommentierten, wie unhygienisch der Āśhram sei, und verließen den Ort. Wieder andere beschwerten sich: „Guru, ein Kind hat sich übergeben. Es riecht dort wirklich übel. Du solltest jemanden beauftragen, den Boden zu reinigen. „Als der Mahātmā dies hörte, stand er auf, um selbst den Boden zu wischen. Doch als er dort ankam, sah er einen kleinen Jungen, der das Erbrochene wegräumte und den Boden mit Wasser und Seife wusch. Obwohl der Ort

mit Menschen gefüllt war, hatte lediglich der
Junge daran gedacht, dies zu tun. Die anderen
beschwerten sich nur. Die selbstlose Haltung des
kleinen Jungen, der mit Freude etwas Gutes für
andere tat, zog den Mahātmā an. Das Herz des
Mahātmās schmolz dahin. Er empfand spontan
Mitgefühl und Liebe für den Jungen. Er dachte:
„Wenn es auf dieser Welt mehr Menschen mit
der Einstellung dieses Jungen gäbe, würde diese
Welt zu einem Himmel werden."

In den Augen des Mahātmās sind alle
Menschen gleich. Dennoch empfand er ein
besonderes Mitgefühl für diesen Jungen. Die
Haltung des Jungen, der den Boden mit der
gleichen Eile reinigte, mit der er den Schmutz
von seinem eigenen Körper entfernte, machte
ihn zu einem geeigneten Gefäß, um die Gnade
des Gurus zu empfangen. So ist es auch mit
Gottes Gnade. Gott überschüttet jeden ständig
mit seiner Gnade. Wenn wir am Flussufer ein
Loch graben, wird Wasser hineinfließen. In
ähnlicher Weise wird Gottes Gnade in ein
Herz fließen, voller Selbstlosigkeit, Mitgefühl
und Tugend ist.

Gott ist unparteiisch. Er ist jenseits aller Unterschiede, betrachtet alle gleichberechtigt und ist losgelöst von allem. Wir sollten unser Handeln und unsere Einstellung überprüfen und einen festen Glauben an Gottes Willen haben. Haben wir diesen Glauben, werden wir mit Sicherheit Gottes Gnade erhalten. Wir werden dann in der Lage sein, Frieden und innere Zufriedenheit, sowohl im Glück als auch im Leid, im Gewinn als auch im Verlust, im Erfolg als auch im Misserfolg zu bewahren.

Die Essenz der Spiritualität

Der Tod ist nicht das Ende

Kinder, der Wunsch zu überleben und die Angst vor dem Tod sind ganz natürlich. Wir Menschen fürchten den Tod, weil wir mit ihm alles verlieren, was wir uns hart erarbeitet haben. Wir können diese Angst überwinden, müssen dazu aber lernen, mit dem Tod umzugehen, während wir noch leben.

Zwei Patienten lagen in einem Krankenhaus auf dem Sterbebett, ein weltberühmter Schriftsteller und ein 12-jähriges Mädchen. Die Ärzte versuchten alles, um das Leben des Schriftstellers zu retten, aber keine ihrer Behandlungen war erfolgreich. Der körperliche und mentale Schmerz spiegelte sich in seinem Gesicht wider. Er begann zu jammern: „Was wird mit mir geschehen? Ich sehe nichts als

Dunkelheit!" In seinen letzten Momenten wurde er von Angst und Einsamkeit überwältigt.

Der Zustand des kleinen Mädchens war völlig anders. Auch sie wusste, dass der Tod auf sie zukommt. Trotzdem war sie sehr fröhlich. Ihr kleines Gesicht strahlte durch ihr Lächeln. Die Ärzte und Krankenschwestern waren überrascht. Sie dachten an die Qualen des Schriftstellers und fragten das kleine Mädchen: „Kind, du lächelst, als wärst du dir der Tatsache, dass du stirbst, gar nicht bewusst. Hast du keine Angst vor dem Sterben?" Sie antwortete unschuldig: „Warum sollte ich mich vor dem Tod fürchten, wenn mein geliebter Gott die ganze Zeit neben mir ist? Ich kann hören, wie er mich ruft: ‚Mein Kind, komm zu mir.' " Einige Tage später, als sie starb, lag ein Lächeln auf ihren kleinen Lippen.

Der Schriftsteller war zwar bekannt und berühmt, aber als der Tod ihn holte, war er völlig niedergeschmettert. Das kleine Mädchen aber hatte eine liebevolle Beziehung zu Gott aufgebaut. Sie glaubte fest daran, dass sie in seinen Händen sehr sicher war. Daher verspürte sie keinerlei Angst vor dem Tod. Wenn wir dem

Tod furchtlos und mit einem Lächeln begegnen wollen, sollten wir entweder den unschuldigen Glauben dieses Mädchens haben oder denken: „Ich bin nicht der Körper, ich bin das Selbst. Das Selbst stirbt nie."

Hier ist eine Geschichte aus den Upaniṣhads: Uddālaka war ein großer Weiser. Er hatte einen Sohn mit dem Namen Śhvetaketu. Mit 24 Jahren, nachdem er viele Jahre in der Einsiedelei seines Gurus studiert hatte, kehrte Śhvetaketu nach Hause zurück. Er dachte, er hätte alles Wichtige unter der Sonne erreicht. Uddālaka spürte sofort den falschen Stolz seines Sohnes und wollte ihn korrigieren. Eines Tages rief er Śhvetaketu und sagte: „Sohn, ich glaube, du meinst, dass du jede Form von Wissen auf der Erde beherrschst, aber hast du gelernt, wodurch das Ungehörte gehört, das Unverstandene verstanden und das Unbekannte bekannt wird?"

„Was ist das für ein Wissen, Vater?" fragte Śhvetaketu.

Sein Vater antwortete: „So wie man durch einen Klumpen Lehm alles erkennt, was aus

Lehm besteht, mein Kind, so ist es auch mit dem Wissen, durch das man alles erfährt."

„Es könnte sein, dass meine verehrten Lehrer dieses Wissen nicht kannten. Sonst hätten sie es mir beigebracht. Vater, kannst du mich bitte unterweisen?"

„So sei es", sagte Uddālaka. „Bring mir eine Frucht von dem Banyanbaum dort drüben."

„Hier ist sie, Vater."

„Schneide sie auf."

„So ist es geschehen."

„Was siehst du da?"

„Einige sehr kleine Samen, Vater."

„Schneide einen davon auf."

„Er ist aufgeschnitten, Vater."

„Was siehst du da?"

„Überhaupt nichts."

Uddālaka sagte: „Mein Sohn, diese subtile Essenz, die du nicht wahrnehmen kannst - aus ihr ist dieser riesige Banyanbaum entstanden. Diese feinstoffliche Essenz ist der Grundstein aller Existenz. Lieber Junge, die Seele des Universums ist diese feinste Essenz. Du bist Das, oh Śhvetaketu."

Alles entsteht aus diesem sogenannten „Nichts". Das ist in der Tat das Geheimnis des Lebens. Verschwindet eines Tages der Baum oder etwas anderes, weiß man nicht, wohin es gegangen ist. Das ist bei allen Lebewesen der Fall. Wir tauchen aus der Unendlichkeit des Nichts auf. In Wahrheit sind wir, auch wenn wir in dieser Welt leben, ein Nichts. Am Ende verschwinden wir wieder in diesem Meer des Nichts. Dieses Nichts ist jedoch keine Leere, sondern reines ungeteiltes Bewusstsein, das was die Schriften sat-chit-ānanda nennen - reine Existenz, reines Bewusstsein, reine Glückseligkeit.

In Wirklichkeit kommen wir aus dieser Ganzheit des Bewusstseins und kehren zu dieser Ganzheit zurück. Deshalb sagen große Meister, dass der Tod, wenn er positiv gesehen wird, eine transformierende und schöne Erfahrung sein kann. Sehen wir den Tod in unserer kleinen begrenzten Welt, erzeugt er große Angst. Betrachten wir ihn dagegen aus der Perspektive der Ganzheit, befreit er uns von aller Furcht, Qual und Angst. Er führt uns über alle Begrenzungen hinaus.

In der Tat ist der Tod nicht das Ende des Lebens. Wir beenden jeden Satz mit einem Punkt. Wir tun das, damit wir den nächsten Satz schreiben können. Der Tod ist genau wie dieser Punkt. Der Tod ist vorherbestimmt für die, die geboren werden, und die Geburt für die, die sterben werden. Der Tod ist einfach eine Fortsetzung des Lebens. Wenn wir unser Vertrauen in Gott setzen und uns der Wahrheit bewusst sind, können wir den Tod und die Angst vor dem Tod definitiv überwinden.

Höchste Glückseligkeit hier und jetzt

Kinder, in den Schriften steht, das letztend-liche Ziel des menschlichen Lebens ist die Befreiung. Es geht nicht darum, himmlischen Komfort und Freude zu erfahren oder nach dem Tod in die Wohnstätte unserer Lieblingsgottheit zu gelangen. Befreiung ist höchste Glück-seligkeit hier und jetzt. Sie ist die Freiheit von allen Formen intellektueller und emotionaler Bindungen - ein Zustand, in dem unabhängig von den Umständen, alle Sorgen verschwinden und man in tiefem Frieden weilt.

Es ist falsch zu denken, dass man Befreiung erst nach dem Tod erlangt. Befreiung muss man erfahren, während man in dieser Welt lebt. Da wird sie am meisten gebraucht. Während wir hier in dieser Welt leben, in dem Chaos und der Verwirrung unterschiedlicher Situationen - physisch, emotional und intellektuell - sollten wir diese wunderbare Erfahrung der totalen Unabhängigkeit (Losgelöstheit) machen. Diese

Erfahrung besteht nicht darin, wegzulaufen und vor dem Leben zu fliehen. Umgekehrt geht es darum, das Leben voll und ganz zu leben und alles anzunehmen, was uns gegeben wird. Der Regenbogen erfüllt uns nur dann mit Schönheit und Freude, wenn wir alle seine Farben gleichermaßen akzeptieren. Ähnlich liegen der Reiz und die Schönheit des Lebens darin, seine Einheit zu sehen mit all seinen Widersprüchen. Seht diese Einheit überall und handelt dann in dieser Welt. Spiritualität ist also nicht lebensverneinend, sondern lebensbejahend.

Das Leben ist voller Gegensätze. Wir können uns eine Welt ohne Wohlstand und Not, Geburt und Tod, Licht und Dunkelheit nicht vorstellen. Leid entsteht, wenn wir nur den einen Aspekt des Lebens akzeptieren und den anderen ablehnen. Wir wollen immer gesund sein, aber niemals krank. Wir akzeptieren das Leben, lehnen aber den Tod ab. Wir schätzen den Erfolg, lehnen aber den Misserfolg ab. Das Leben kann nicht ohne duale Erfahrungen existieren. Das Leben in seiner Gesamtheit zu akzeptieren und alle Dualitäten als verschiedene

Gesichter desselben Lebensphänomens - des einen und einzigen Bewusstseins - zu sehen, ist der Höhepunkt der spirituellen Erkenntnis. Nur dann sind wir frei von jeglichem Leid und erfahren uneingeschränktes Glück in allen Situationen. Wenn wir erkennen, dass Wohlstand und Not zur Natur des Lebens gehören, werden wir in der Lage sein, sie mit Gleichmut zu akzeptieren.

Einst lebte ein Sannyāsī in einer Hütte in einem Dorf. Die Leute respektierten ihn wegen seines reinen und einfachen Lebensstils. Die unverheiratete Tochter eines Geschäftsmannes aus diesem Dorf wurde schwanger. Zuerst wollte sie nicht sagen, wer der Vater des Kindes war. Doch ihre Verwandten setzten sie unter Druck und schließlich sagte sie, es sei der Sannyāsī. Nachdem er den Sannyāsī beschimpft hatte, sagte der Vater des Mädchens: „Da du den Ruf meiner Tochter ruiniert hast, sollst du das Kind nun großziehen." Ohne den geringsten Zorn oder irgendeine Verlegenheit sagte der Sannyāsī: „So soll es sein."

Sobald das Mädchen entbunden hatte, vertraute der Vater das Kind dem Sannyāsī an. Die Dorfbewohner hassten den Mönch nun und begannen, ihn regelmäßig zu beschimpfen, aber er nahm das nie ernst. Er zog das Kind einfach liebevoll auf. Nach einem Jahr begann das Mädchen, Reue zu empfinden. Sie wandte sich an ihren Vater und erzählte ihm, dass der Sannyāsī in Wirklichkeit nicht der Vater war, sondern ein Jugendlicher aus der Nachbarschaft. Der Geschäftsmann entschuldigte sich sofort bei dem Sannyāsī: „Bitte verzeihen sie mir, dass ich gezweifelt und sie beleidigt habe. Wir werden das Kind zurücknehmen."

„So soll es sein", sagte der Sannyāsī.

Unsere wahre Natur ist die einzige Quelle des Friedens, die durch kein Problem in dieser Welt gestört werden kann. Diejenigen, die diese Wahrheit erkannt haben, wissen, dass nichts von ihnen getrennt ist. Da sie das höchste Bewusstsein in allen lebenden und nicht lebenden Geschöpfen sehen, lieben und dienen sie jedem und allen. Sie akzeptieren alle Umstände mit Gleichmut.

Leben und Liebe sind nicht zwei, sie sind eins. Ohne Liebe gibt es kein Leben und andersherum. Dieses Grundprinzip in die Tat umgesetzt, ist Spiritualität. Das ist in Wahrheit Selbstverwirklichung oder Befreiung. Überall auf der Welt sagen Menschen: „Ich liebe dich". Es scheint, als sei die „Liebe" zwischen dem „Ich" und dem „Du" gefangen. Spirituelle Übungen helfen uns allmählich die höchste Wahrheit zu erkennen, dass „ich die Liebe bin".

Um diesen Zustand zu erreichen, müssen wir Spiritualität verstehen und uns intensiv darum bemühen. Spiritualität bedeutet, die Natur des Mindes zu verstehen. Sie ist eine Wissenschaft, die uns lehrt, wie wir Freude und Zufriedenheit erfahren können, ohne ruhelos zu sein oder uns in den Höhen und Tiefen des Lebens zu verfangen. Dies ist von größter Bedeutung im Leben.

Religion und Spiritualität

Jeder Glaube hat zwei Aspekte: den religiösen und den spirituellen. Die Religion ist die äußere Hülle, die Spiritualität ist die innere Essenz. Spiritualität bedeutet, zu seiner wahren Natur zu erwachen. Diejenigen, die sich bemühen, ihr wahres Selbst zu erkennen, sind die wahren Devotees. Egal welchen Glauben man hat, wenn man die zentralen spirituellen Prinzipien versteht und sie in die Praxis umsetzt, kann man das höchste Ziel, sich mit Gott zu vereinen, erreichen. Versäumen wir es jedoch, die spirituellen Prinzipien zu verinnerlichen, wird Religion zu blindem Glauben, der uns bindet.

Die Verbindung der Herzen ist es, die eine religiöse Gemeinschaft hervorbringt. Fehlt diese Verbindung, wird es für die Menschheit unmöglich sein, sich zusammenzufinden und gemeinsam etwas für das Allgemeinwohl zu tun. Wir werden uns nur weiter voneinander entfernen, unsere Bemühungen werden fragmentiert und die Wirkung wird unvollständig.

Religion ist wegweisend wie eine Informationstafel. Das Ziel ist die spirituelle Erkenntnis. Zeigt jemand zum Beispiel auf einen Baum und sagt: „Schau dir diesen Baum an. Siehst du die Frucht, die an diesem Ast hängt? Wenn du davon isst, wirst du unsterblich!" Wenn das jemand zu uns sagen würde, sollten wir auf den Baum klettern, die Früchte pflücken und sie essen. Halten wir uns stattdessen am Finger der Person fest, werden wir nie in den Genuss der Früchte kommen. Dasselbe passiert, wenn man sich an die Verse aus den Schriften klammert, statt die Grundsätze, auf die sie hinweisen zu begreifen, zu verinnerlichen und in die Praxis umzusetzen.

Religiöse Texte nur zu lesen, ohne zu versuchen, ihre Prinzipien zu verstehen, ist als würde man in einem Boot sitzen, ohne damit ans andere Ufer zu rudern. Genau wie das Boot sind die Schriften ein Hilfsmittel, ohne einen eigenen Zweck zu verfolgen.

Aufgrund unserer Unwissenheit und unseres begrenzten Verständnisses sperren wir die Mahātmās in die kleinen Käfige der Religion. Die Worte der Ṛishis und Mahātmās sind Schlüssel, um den wahren Reichtum unseres Selbst zu entdecken. Aufgrund von Missverständnissen benutzen wir jedoch genau diese Schlüssel nur, um miteinander zu diskutieren. So blähen wir unsere Egos weiter auf und halten uns selbst gefangen. Geht das so weiter, werden Verständigung und interreligiöse Zusammenarbeit für immer ein ferner Traum bleiben.

Einst malte ein berühmter Künstler ein Bild von einer bezaubernden jungen Frau. Wer das Bild sah, verliebte sich in sie. Einige von ihnen fragten den Maler, ob die Frau seine Geliebte sei. Als er dies verneinte, bestand jeder von ihnen darauf, sie zu heiraten und jeder verbot dem anderen, dies zu tun. Alle verlangten: „Wir wollen wissen, wo diese schöne Frau zu finden ist."

Der Maler sagte ihnen: „Es tut mir leid, aber ich habe sie noch nie gesehen. Sie hat keine Nationalität, Religion oder Sprache. Was ihr in ihr seht, ist auch nicht die Schönheit eines Individuums. Ich habe der Schönheit, die ich in mir sah, einfach Augen, eine Nase und eine Form gegeben."

Aber keiner von ihnen glaubte dem Maler. Sie beschuldigten ihn wütend der Lüge. „Du willst sie nur für dich haben!"

Der Maler sagte ihnen ruhig: „Nein, bitte betrachtet dieses Bild nicht oberflächlich. Selbst wenn ihr in der ganzen Welt sucht, werdet ihr sie nicht finden - und doch ist sie die Essenz jeglicher Schönheit."

Doch die Menschen ignorierten die Worte des Malers und waren vernarrt in die Farbe und das Gemälde. In ihrem intensiven Verlangen, die schöne Frau zu besitzen, stritten und kämpften sie miteinander und kamen schließlich um.

Wir sind genauso. Wir suchen nach einem Gott, der nur in Bildern und Schriften residiert. Auf dieser Suche haben wir uns verirrt.

Während die Mahātmās den spirituellen Werten Bedeutung beimessen, legen ihre Devotees mehr Wert auf die Institutionen. So sind die Religionen, die Frieden und Ruhe in der

Welt verbreiten sollten, indem sie die Menschen durch Liebe miteinander verbinden, zur Ursache für Krieg und Konflikte geworden. Mahātmās sind die Verkörperungen von Spiritualität. Ihr selbstloses Leben zeigt die wahre Religion. Deshalb können Mahātmās Vorbilder sein, um Spiritualität schneller zu verstehen und zu praktizieren.

Die Kraft aller Religionen liegt in der Spiritualität. Spiritualität ist der Zement, der das Gebäude der menschlichen Gesellschaft festigt. Ein sogenanntes „religiöses Leben" zu führen, ohne sich Spiritualität anzueignen, ist so, als würde man einen Turm aus Ziegeln bauen, ohne Zement zu verwenden. Er wird leicht zusammenbrechen. Religion ohne Spiritualität ist leblos, wie ein inneres Organ, das vom Blutkreislauf abgeschnitten ist.

Der Schöpfer und die Schöpfung

Kinder, der Schöpfer und die Schöpfung sind nicht zwei, sondern eins – das sagt das Sanātana Dharma. Was ist der Grund dafür? Nichts ist vom Schöpfer getrennt und deshalb sind Schöpfer und die Schöpfung dasselbe.

In den heiligen Schriften gibt es viele Beispiele, welche die Beziehung zwischen dem Schöpfer und der Schöpfung aufzeigen. Auch wenn es Goldschmuck in verschiedenen Formen und Größen gibt, sind sie doch alle nur aus Gold. Egal wie viele Wellen im Meer sind, keine von ihnen ist vom Ozean getrennt. In ähnlicher Weise sind Gott und das Universum nicht getrennt, sondern eins.

Der Tanz entsteht durch den Tänzer. Vor dem Tanz, während des Tanzes und auch nach dem Tanz gibt es nur den Tänzer. In ähnlicher Weise gibt es vor der Schöpfung, während der Schöpfung und nach der Auflösung der Schöpfung nur Gott. Alles ist Gott. Es gibt nur Gott.

Sanātana Dharma lehrt uns, dass es nichts gibt außer Gott.

Ein König forderte alle Künstler seines Königreichs auf, Bilder zu malen, welche die wahre Schönheit des Himālaya einfangen. Zahlreiche Künstler nahmen teil. Jeder von ihnen malte ein besonders schönes Bild. Der König und sein Minister machten sich auf den Weg, um das beste Bild auszuwählen. Es schien, dass jedes Bild besser war als das vorherige. Schließlich kamen sie zum letzten Bild. Der Künstler öffnete seine Leinwand. Es war der schönste Berg des Himālaya. Es war, als stünde man mitten im echten Himālaya-Gebirge. Dann - und das war das Erstaunliche - begann der Künstler, den Berg in seinem Gemälde zu besteigen. Während der König und sein Gefolge zusahen, stieg der Künstler bis zum höchsten Gipfel auf. Dann verschwand der Maler im Gemälde.

Gott ist wie der Künstler in dieser Geschichte. In der Erschaffung des Universums ist Gott allgegenwärtig. Zugleich scheint er unsichtbar zu sein. Weil wir Gott nicht mit unseren fünf Sinnen oder unserem Mind wahrnehmen können, bleibt er für uns verborgen. Da Gott unser eigenes wahres Selbst ist, können wir ihn erleben. Verwirklichen wir also Gott in uns selbst, können wir erkennen, dass Gott und das Universum eins sind.

Gott ist kein Individuum, das auf einem goldenen Thron im Himmel sitzt. Gott ist das alldurchdringende Bewusstsein in allen Dingen. Sticht unser eigener Finger versehentlich ins Auge, verzeihen wir dem Finger und beruhigen das Auge. Wir tun dies, weil sowohl der Finger als auch das Auge nicht von uns getrennt sind. Ähnlich besteht unser Dharma darin, selbst die kleinste Lebensform zu lieben und ihr zu dienen, in dem Bewusstsein, dass Gott in allem wohnt. Dies ist die größte Verehrung Gottes.

Die Essenz aller Religionen

Kinder, Gott lebt in unserem Herzen. Die wahre Natur Gottes und unsere eigene wahre Natur sind ein und dasselbe. Die Religionen lehren uns, dass Gott den Menschen nach seinem Ebenbild geschaffen hat. Hören wir das, fragen wir uns vielleicht, warum wir dann nicht in der Lage sind, die göttliche Gegenwart zu spüren und wahres Glück zu erleben. Es ist wahr, dass Gottes Natur dieselbe ist wie unsere eigene Natur. Doch aufgrund unserer Unwissenheit und unseres Egos ist Gott - unsere wahre Natur - für uns verborgen; wir sind unfähig, sie zu erfahren. Stattdessen erleben wir Leid und mentalen Unfrieden.

Tatsächlich zeigen uns alle Religionen den Weg zur wahren Glückseligkeit. Doch die meisten von uns begreifen die wahren Lehren der Religionen nicht. Wir sind ausschließlich auf pompöse Rituale und Bräuche fixiert. Stellt euch Dutzende von Gläsern vor, die mit Honig gefüllt sind. Sehen wir nicht über die verschiedenen Farben und Formen der Gläser hinweg, wie können wir dann jemals die Süße des Honigs schmecken? Das ist unser gegenwärtiger Zustand. Anstatt das Wesentliche der Religionslehren zu verstehen, sitzen wir einfach wie betäubt vor ihren oberflächlichen Aspekten.

Einst beschloss ein Mann, seinen 50. Geburtstag in großem Stil zu feiern. Er druckte die Einladungen auf edlem, teurem Papier. Das ganze Haus wurde gestrichen und dekoriert. Er kaufte auch einen schönen Kronleuchter und hängte ihn in die Mitte seines Festsaals. Er schmückte das Haus und seine Umgebung. Er kaufte teure Kleidung, einen Diamantring und eine Goldkette und engagierte einen berühmten Koch, der ein prächtiges Festmahl zubereite sollte.

Endlich war der große Tag gekommen. Als der Zeitpunkt des Eintreffens der Gäste näher rückte, zog er seine neue Kleidung an, legte Ring und Kette an und wartete im Festsaal. Das Festessen war vorbereitet und Diener in Livrees standen bereit. Aber es kam niemand.

Als es immer später wurde, wurde er immer unruhiger. „Wo sind denn alle?" Da fiel ihm der Stapel Einladungen auf, der auf seinem Tisch lag. Inmitten der Dekoration seines Hauses und seiner Umgebung hatte er vergessen, sie zu verschicken.

Wir sind diesem Mann sehr ähnlich. Während wir uns um unser geschäftiges Leben kümmern, vergessen wir, das wichtigste Ziel des Lebens zu verfolgen. Deshalb sind wir nicht in der Lage, wahren Frieden und Zufriedenheit zu erfahren.

Diejenigen, die sich oberflächlich der Religion zuwenden, verpassen oft das Wesentliche ihrer Religion; sie können die Gegenwart Gottes in ihrem Inneren nicht erfahren. Ein Gärtner, der den Rasen mäht, sieht alles nur als „Gras", aber ein ayurvedischer Kräuterkundiger sieht Pflanzen von medizinischem Wert, die sich im Gras verstecken. Wir sollten wie der Kräutersammler sein und die wahren Werte im Herzen unserer Religion - ihre grundlegenden Prinzipien - erkennen und verinnerlichen.

Kinder, versucht, das innere Wesen eurer Religion zu verstehen und die wahren Prinzipien hinter ihren Ritualen und Zeremonien zu erkennen. Nur so könnt ihr die Gegenwart Gottes in euch erfahren.

Sich selbst lieben

Kinder, wir leben in einer Zeit, in der die Menschen nicht nur andere, sondern auch sich selbst hassen. Das ist der Grund für die Zunahme von Selbstmorden und psychisch destruktiven Gewohnheiten. Alle Religionen, spirituellen Führer und Psychologen betonen, wie wichtig es ist, nicht nur andere, sondern auch sich selbst zu lieben.

Im Allgemeinen glauben die Menschen, dass „sich selbst zu lieben" bedeutet, den Körper zu lieben. Viele Menschen verbringen viel Zeit und Geld, sich um körperliche Schönheit und Gesundheit zu bemühen. Nach dem Aufwachen verbringen viele Menschen Stunden vor dem Spiegel. Sie gehen in Schönheitssalons und Fitnessstudios. Sie geben viel Geld und Zeit für solche Dinge aus. Manche versuchen, ihre dunkle Haut aufzuhellen oder ihre weiße Haut zu bräunen. Manche färben ihre grauen Haare schwarz. Manche färben ihr schwarzes Haar rot oder sogar grün. Es ist zwar wichtig, sich um seinen Körper und seine Gesundheit zu kümmern, aber viele dieser Dinge sind übertrieben. Aber denkt irgendjemand an die kostbare Zeit, die er damit verschwendet? Leider scheint sich niemand darauf zu konzentrieren, sein Herz und Mind zu stärken.

In einem mehrstöckigen Kaufhaus gab es nicht genügend Aufzüge. Daher mussten die Kunden lange warten. Einige Kunden waren des Wartens überdrüssig und begannen sich zu beschweren und einen Tumult zu verursachen. Dem Manager war klar, dass sich das Problem auf das Geschäft auswirken könnte, würde er nicht schnell eine Lösung finden. Er begann, darüber nachzudenken und hatte schließlich eine Idee. Er stellte mehrere Spiegel dort auf, wo die Menschen auf die Aufzüge warten mussten. Er ließ auch Spiegel an den Wänden der Aufzüge anbringen. Sobald er dies getan hatte, hörten alle Beschwerden auf. Niemand spürte, wie die Zeit verging, während des Wartens, denn alle waren nun damit beschäftigt, in den Spiegel zu schauen, Haare zu bürsten und sich zu schminken. Dies setzte sich sogar in den Aufzügen fort.

So wie wir unseren Körper waschen und verschönern, sollten wir auch unseren Mind reinigen. Wie tun wir das? Indem wir alle negativen, schädlichen Gedanken und Emotionen, die in uns auftauchen, schnell beseitigen. Wir müssen unseren Intellekt schulen, und das Unterscheidungsvermögen einsetzen. Dafür müssen wir spirituelles Wissen erlangen, indem wir Satsangs hören und Zeit mit Mahātmās und anderen Menschen mit spiritueller Neigung verbringen. Die wahre Bedeutung von „uns selbst lieben" ist, unsere Göttlichkeit nach außen erstrahlen zu lassen.

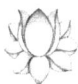

Familienleben

Halte deine Liebe nicht zurück

Kinder, viele Frauen sagen mir: „Wenn ich meinem Mann die schmerzlichen Gefühle meines Herzens erzähle, tröstet er mich nicht. Er zeigt mir nicht einmal ein bisschen Liebe." Werden die Ehemänner damit konfrontiert, sagen sie: „So ist es nicht. Ich liebe sie sehr, aber sie beklagt sich nur." So lieben sie sich zwar, aber keinem von ihnen nutzt diese Liebe. Sie werden wie zwei Menschen, die am Ufer eines Flusses leben und verdursten.

Tatsächlich ist Liebe in jedem Menschen vorhanden. Aber Liebe, die nicht ausgedrückt wird, ist wie Honig, der in einem Stein gefangen ist. Wir werden seine Süße nicht schmecken.

Haltet eure Liebe nicht in eurem Herzen zurück. Wir müssen unsere Liebe durch unsere Worte und Taten ausdrücken. Wir sollten uns gegenseitig mit offenem Herzen lieben und lernen, unsere Liebe zu teilen.

Einmal besuchte ein Mönch ein Gefängnis. Dort schloss er Freundschaft mit den Gefangenen. Unter ihnen war auch ein Jugendlicher. Der Mönch legte seine Hand auf die Schulter des Jungen und streichelte ihm liebevoll über den Rücken. Er fragte ihn: „Mein Junge, warum bist du hier gelandet?"

Tränen liefen ihm über sein Gesicht als der Jugendliche sagte: „Hätte ich in meiner Kindheit jemanden gehabt, der mir liebevoll die Hand auf die Schulter gelegt und freundlich mit mir gesprochen, wäre ich nie in diesem Gefängnis gelandet."

Es ist äußerst wichtig, Kindern Liebe zu geben, vor allem in ihren ersten Lebensjahren. Schon in der Kindheit müssen wir ihnen beibringen, Liebe zu empfangen und zu geben.

Die Liebe sollte nicht im eigenen Herzen verborgen bleiben. Man muss sie durch Worte, Blicke und Taten weitergeben. Liebe geben macht den Menschen glücklicher, als wenn er sie empfängt. Sie ist ein Reichtum, den wir besitzen, aber nicht sehen.

Erwecken wir also die Liebe, die wir in uns tragen. Lasst uns Liebe durch all unsere Handlungen, Worte und Gesten in der Welt zum Ausdruck bringen und sie nicht innerhalb der Mauern von Religion, Glaube oder Kaste begrenzen. Mögen unsere Herzen einander umarmen und die glückselige Liebe in uns erwecken und teilen. Möge die Liebe alle Wesen umarmen und frei fließen. Dann wird unser Leben gesegnet und göttlich werden.

Kultur in der Bildung

Kinder, in früheren Zeiten wurde in unserem Land das Bewusstsein für die spirituellen Prinzipien als der wichtigste Aspekt des Lebens angesehen. Heute jedoch hat materielles Wissen die Spiritualität von diesem Stellewert verdrängt. Es ist sinnlos, die Uhr zurückzudrehen, das würde nur zu Enttäuschungen führen. Es geht jetzt darum, zu lernen voranzukommen, ohne das was von unserer guten Kultur übrig geblieben ist, zu zerstören.

Vor langer Zeit wurden Kinder erst im Alter von fünf Jahren in die Schule geschickt. Heute werden Kinder schon mit zweieinhalb Jahren in Kindergärten angemeldet. Bis zum fünften Lebensjahr, dürfen wir ihnen nur Liebe entgegenbringen. Wir sollten ihre Freiheit in keiner Weise einschränken. Sie dürfen spielen, wie sie wollen. Alles, was wir tun müssen, ist, sie vor Feuer zu schützen oder davor, in Teiche zu fallen. Ganz gleich, wie viel Unfug sie treiben, wir müssen ihnen nur Liebe entgegenbringen.

Selbst wenn wir sie auf ihr falsches Verhalten hinweisen, müssen wir das mit äußerster Liebe tun. So wie sie neun Monate lang im Schoß ihrer Mutter geschützt waren, sollten sie in den ersten fünf Jahren nach ihrer Geburt geschützt bleiben – im Schoß der Liebe. Aber das ist heute nicht mehr der Fall.

Im Namen der Bildung belasten wir unsere Kinder zu sehr - weit mehr, als sie tragen können. Zu einer Zeit, in der sie mit ihren Freunden spielen sollten, sperren wir unsere Kinder in Klassenzimmern ein, wie Vögel in Käfigen. Und wenn die Kinder nicht schon im Kindergarten den ersten Platz erreichen, geraten die Eltern in Stress. Sie üben dann noch mehr Druck auf ihre Kinder aus.

Kinder leben in einer Welt der völligen Unschuld. Sie wachsen damit auf, Blumen und Schmetterlingen Geschichten zu erzählen. Sehen wir uns ihre Welt an, dann können wir Wunder erleben! Es liegt in ihrer Natur, glücklich zu sein und anderen Freude zu bereiten. Aber anstatt die Unschuld ihrer Kinder zu übernehmen, ziehen Eltern ihre Kinder in ihre eigene Welt - die Welt des Wettbewerbs und der Frustration.

Einmal spielten zwei Nachbarskinder miteinander, und ein Kind verletzte sich leicht an der Hand. Als seine Mutter dies sah, schimpfte sie mit der Mutter des zweiten Kindes. Als der Streit außer Kontrolle geriet, ergriffen sowohl die Ehemänner als auch die Nachbarinnen Partei. Die Angelegenheit eskalierte. Inmitten all dieser Ereignisse suchte jemand nach den Kindern. Die Kinder spielten fröhlich miteinander und hatten ihren Streit vergessen.

Heutzutage nehmen sich Eltern nicht die Zeit, ihren Kindern das Ziel des Lebens zu erklären oder ihnen zu helfen, einen Lebensstil zu finden, der sie zu diesem Ziel führt. Niemand scheint sich die Zeit zu nehmen, die angeborenen Interessen seines Kindes zu erkennen und seine verborgenen Talente zu fördern und zu unterstützen. Ein gesunder Wettbewerb in der Schule kann den Kindern helfen, sich in ihren Leistungen zu verbessern und ihr Potenzial auszuschöpfen. Aber das Ausmaß an Wettbewerb, das wir heute erleben, führt nur zu

Stress. Erfüllen sie die Erwartungen in Bezug auf ihre Prüfungen nicht, sind sie psychisch überfordert und sehen sich für den Rest ihres Lebens mit Enttäuschungen konfrontiert.

Kinder, wir müssen über den Nutzen von Bildung nachdenken. Es ist wahr, dass die moderne Bildung es ermöglicht, einen Abschluss zu machen und gut bezahlte Jobs zu bekommen, aber wird uns das dauerhaften, mentalen Frieden geben? Sind wir nicht bereit, kulturelle Werte zusammen mit moderner Bildung zu vermitteln, werden wir Ravanas und nicht Rāmas hervorbringen. Das Bewusstsein für kulturelle Werte ist die Grundlage für Frieden und Glück in unserem Leben. Nur durch Spiritualität können wir wahre Kultur und höchste Weisheit finden.

Kindererziehung in der modernen Welt

Kinder, wir leben in einer Zeit, in der die politische Korruption, der Werteverfall und der Missbrauch von Frauen zugenommen haben. Was ist die Ursache dafür? Die Welt, in der wir leben, ist wie ein Supermarkt; alles und jedes ist für jeden verfügbar. Unser Mind wird von vielen Dingen über verschiedene Wege angezogen: das Internet, Mobiltelefone und so weiter. Um in diesen modernen Zeiten unser inneres Gleichgewicht zu halten, brauchen wir ein starkes Fundament, das auf Dharma und Werten beruht. Den Mind auf diese Weise zu disziplinieren, muss von Kindheit an erfolgen.

Unsere Kinder zu erziehen bedeutet nicht nur, sie zu bestrafen. Wir müssen ihren Mind zum Guten hinlenken. Wir müssen ihnen den richtigen Weg zeigen, und wenn sie etwas Gutes tun, müssen wir sie ermutigen, weiterzumachen. Wir sollten sie nicht mit Lernen überfordern. Sie brauchen genügend Freiraum, um ihre Fantasie und ihr unabhängiges Denken zu entwickeln und ihre Gefühle zu erkunden. Außerdem sollten wir ihnen zeigen, was richtig und falsch, was Dharma und was Adharma ist. Dinge, die nicht durch Schimpfen und Ratschläge beizubringen sind, können durch Ermutigung und durch ein Beispiel für intelligentes Verhalten, gezeigt werden.

Es war einmal ein Junge, der sehr viel Essen verschwendete. Sein Vater versuchte sehr liebevoll, ihm klarzumachen, dass das falsch war. Er schimpfte sogar heftig mit ihm. Aber nichts funktionierte. Schließlich beschloss er, ihm ein Video zu zeigen. Am Anfang des Videos waren zwei Mädchen in einem Restaurant zu sehen, die Hühnchen aßen. Während sie aßen, rissen sie Witze und lachten. Als sie satt waren, warfen sie ihr halb gegessenes Essen in den Müll. Die nächste Szene des Videos zeigte einen armen Mann, der den Müll durchsucht. Als er zwei große Hähnchenstücke sah, welche die Mädchen weggeworfen hatten, freute er sich und steckte sie in eine kleine Plastiktüte. Auf diese Weise füllte er die Plastiktüte langsam mit den Lebensmittelabfällen verschiedener Personen, die in dem Restaurant gegessen hatten. Anschließend zeigte das Video ihn in seinem Dorf wo er alle gesammelten Lebensmittel mit den Kindern dort teilte. Die Gesichter der Kinder strahlten vor Glück. Bald war das Essen aufgegessen. Die Kinder waren jedoch immer noch hungrig und begannen, die Innenseiten der Plastiktüten abzulecken. Der Sohn des Mannes, der sich das Video ansah, begann zu weinen. Er sagte: „Papa, ich werde nie wieder Essen verschwenden."

Es ist wichtig, unseren Kindern den Wert von Disziplin zu vermitteln. Es ist leicht, in nassen Zement zu malen. Aber sobald er trocknet, wird es unmöglich. Der Mind von Kindern ist wie nasser Zement. Deshalb müssen Eltern ihre Kinder mit Liebe und Zuneigung überschütten. Sie müssen ihnen Werte und eine gute Kultur beibringen. Eltern sollten Vorbilder für ihre Kinder sein. Tun wir das, werden sich unsere Kinder des Dharma bewusst, und gute Gewohnheiten können ganz natürlich in ihnen wachsen. Sie sind dann in der Lage, jede Versuchung zu

überwinden, die das Leben ihnen in den Weg
legt. Sie werden überleben können. Das Ziel
unseres Lebens sollte nicht nur darin bestehen,
Geld zu verdienen und Wohlstand zu erlangen.
Wir müssen in unseren Kindern ein Bewusstsein dafür wecken, dass es wichtigere Ziele
im Leben gibt. Gelingt uns das, wird sich die
Gesellschaft allmählich weiterentwickeln, und
es wird in allen Bereichen Fortschritte geben.

Harmonische Beziehungen

Kinder, heute sehen wir viele Ehen, in denen es keine echte Liebe gibt. Solche Ehen sind voll von Konflikten und Unstimmigkeiten. Der Grund dafür ist ein grundlegender Mangel an Verständnis zwischen dem Ehemann und der Ehefrau. In den meisten Fällen versucht das Paar nicht einmal, sich gegenseitig zu verstehen. Damit sich eine echte Beziehung entwickeln kann, ist ein grundlegendes Verständnis der menschlichen Natur - der Natur von Männern und Frauen - wichtig. Ein Mann sollte wissen, wie eine Frau wirklich ist und umgekehrt. Leider fehlt heute dieses Verständnis; sie leben ohne Verbindung zwischen ihnen in zwei isolierten Welten. Sie werden zu zwei getrennten Inseln, zwischen denen es keine Verbindung gibt, nicht einmal eine Fähre.

Männer sind meist rational und Frauen eher emotional. Sie leben in zwei verschiedenen Zentren, entlang zweier paralleler Linien. Es findet keine wirkliche Begegnung statt. Wie kann es dann eine Liebe zwischen den beiden geben? Wenn der eine „Ja" sagt, wird der andere wahrscheinlich „Nein" sagen. Man wird nur selten hören, dass „ja" und „ja" oder „nein" und „nein" sich harmonisch miteinander verbinden. Ihre unterschiedliche Natur sollte verstanden und akzeptiert werden. Sowohl Mann als auch Frau sollten sich bewusst bemühen, die Gefühle und das Herz des anderen zu erreichen und dann ihre Probleme mit diesem Verständnis zu lösen. Sie sollten nicht versuchen, sich gegenseitig zu kontrollieren. Sie sollten sich nicht gegenseitig sagen: „Ich sage ‚Ja' und deshalb solltest du auch ‚Ja' sagen."

Eine solche Haltung sollte man ablegen, denn sie führt nur zu Ärger und sogar Hass. Die Liebe in einer solchen Beziehung wird sehr oberflächlich sein. Wird die Kluft zwischen diesen beiden Zentren, dem Intellekt und den Emotionen, überbrückt, kann die süße Musik der Liebe aus ihrem Inneren entspringen. Dieser verbindende Faktor ist die Spiritualität. Sieht man sich unsere Vorfahren an, stellt man fest, dass ihre Ehen im Allgemeinen liebevoller waren als die heutigen. Sie hatten viel mehr Liebe und Harmonie in ihrem Leben, weil sie ein besseres Verständnis dafür hatten, wie sich spirituelle Prinzipien im täglichen Leben auswirken.

Kinder, lernt, die Gefühle von anderen zu respektieren. Lernt, euch die Probleme des anderen mit Liebe und Sorge anzuhören. Hört ihr eurem Partner zu, sollte er oder sie spüren können, dass ihr wirklich interessiert seid und aufrichtig helfen möchtet. Euer Partner sollte Fürsorge und Sorge, Respekt und Bewunderung spüren. Eine offene Akzeptanz des anderen ist erforderlich und es sollte keine Vorbehalte geben. Dennoch sind Konflikte vorprogrammiert; es kann immer zu Missverständnissen und Meinungsverschiedenheiten kommen. Aber später sollte man in der Lage sein zu sagen: „Es tut mir leid, bitte verzeih mir. Ich habe es nicht so gemeint." Oder man könnte sagen: „Ich liebe dich und ich mache mir große Sorgen um dich; denke nie etwas anderes. Es tut mir leid, ich hätte nicht sagen sollen, was ich gesagt habe. In meiner Wut habe ich meine Fassung und mein

Unterscheidungsvermögen verloren." Solche beruhigenden Worte werden helfen, verletzte Gefühle zu heilen; sie werden auch zu einem tiefen Gefühl der Liebe beitragen, selbst nach einem großen Streit.

Vertrauen ist die Grundlage für starke Beziehungen

Kinder, die Grundlage für unsere Beziehungen muss gegenseitiges Vertrauen sein. Die Beziehung zwischen einem Ehemann und einer Ehefrau, zwischen zwei Freunden und zwischen Geschäftspartnern - sie alle sind nur dann dauerhaft, wenn gegenseitiges Vertrauen vorhanden ist. In Wahrheit ist es unser Gewahrsein unserer eigenen Schwächen, das uns dazu bringt, andere zu verdächtigen und Fehler bei ihnen zu suchen. Das führt dazu, dass wir ihre Liebe nicht empfangen und genießen können. Am Ende verlieren wir auch unser Glück und unseren inneren Frieden.

Wenn zwei Menschen beginnen, zusammenzuleben, sind Konflikte normal. Wir sehen das in allen Beziehungen. Es liegt in der menschlichen Natur, alle unsere Probleme auf die andere Person zu schieben. Meist lehnen wir es ab, selbst Verantwortung zu übernehmen. Diese Haltung ist ungesund, besonders für einen spirituell Suchenden. Der Gedanke: „Ich bin kein egoistischer Mensch, also ist es nicht meine Schuld", ist bereits das Ego.

Das Ego ist sehr sensibel. Es mag keine Kritik. Wenn unser Ego unkontrollierbar wird, belastet es uns zusätzlich, indem es Panik und Angst erzeugt. Das zerstört unseren inneren Frieden und beeinträchtigt unsere Fähigkeit rational zu Denken.

Zwei Kinder spielten miteinander. Der Junge hatte etwas Taschengeld. Das Mädchen hatte ein paar Schokoladenstücke. Der Junge sagte: „Wenn du mir Schokolade gibst, gebe ich dir Geld." Das Mädchen war einverstanden. Sie gab ihm ein paar Riegel Schokolade. Als der Junge die Schokolade bekam, sortierte er die großen Geldstücke aus und gab ihr die mit dem geringeren Wert. Das Mädchen merkte nicht, was passierte, legte sich hin und schlief friedlich. Der Junge dachte bei sich: „Ich wette, sie hatte richtig teure Schokolade. Anstatt sie mir zu geben, hat sie mir wahrscheinlich die billige gegeben. So wie ich die wertvollsten Münzen beiseitegelegt habe, muss sie die teure

Schokolade versteckt haben." Mit all diesen Vermutungen konnte er nicht einschlafen.

Manche Männer sagen zu Amma: „Ich glaube, meine Frau hat eine Affäre." Einige Frauen erzählen Amma: „Ich beobachte ständig, wie mein Mann mit sehr leiser Stimme mit jemandem am Telefon spricht. Ich kann nachts überhaupt nicht mehr schlafen."

Zwei Menschen heiraten und sehnen sich nach Liebe, Frieden und Glück, doch aufgrund ihrer misstrauischen Art wird ihr Leben zur Hölle ohne jeglichen Frieden. Solange das Ungeheuer namens „Misstrauen" unseren Mind durchdringt, hilft keine noch so gute Beratung. Viele Familien werden auf diese Weise zerstört.

Auch wenn die Menschen schöne und blumige Worte über ihre Liebe füreinander finden, glauben die meisten, dass es bei der Liebe in Wirklichkeit darum geht, etwas zu bekommen. Tatsächlich geht es bei Liebe ums Geben. Nur wenn man Liebe gibt, kann man wachsen und anderen helfen zu wachsen. Fehlt diese gebende Haltung, dann wird die so genannte „Liebe" nur Leid verursachen - sowohl für den Liebenden als auch für den Geliebten. Wir sollten nicht denken: „Ist er ein guter Freund für mich?" Vielmehr sollten wir denken: „Bin ich ein guter Freund für ihn?"

Zunächst müssen wir bereit sein, unseren Ehepartner zu lieben und ihm zu vertrauen. Sind wir bereit, liebevoll und vertrauensvoll zu sein, werden 95 Prozent davon zu uns zurückkehren. Misstrauen schafft Misstrauen und Vertrauen schafft Vertrauen. Bevor wir Fehler bei unseren Partnern suchen, müssen wir bei uns selbst hinschauen. Haben wir selbst Fehler, müssen wir sie korrigieren.

Oft hilft es, wenn die Menschen in einer Beziehung offen miteinander sprechen, anstatt sich an Vermutungen zu klammern. Zögert nicht, bei Bedarf die Hilfe von Freunden oder sogar Fachleuten in Anspruch zu nehmen. Geduld miteinander zu haben, einander nahe zu sein und füreinander da zu sein, macht Beziehungen stark. Versteht vor allem die spirituellen Wahrheiten und lernt, euer inneres Glück zu finden. Sind wir dazu in der Lage, werden wir auch in unseren Beziehungen glücklich sein.

Religiöse Feste und Schriften

Hingabe im Rāmāyaṇa

Kinder, auch nach Tausenden von Jahren hat das Rāmāyaṇa einen ganz besonderen Platz in den Herzen der Menschen. Woran liegt das? Weil darin die Essenz von Hingabe zu finden ist. Die Hingabe des Rāmāyaṇa besänftigt und reinigt unser Herz. Obwohl der Bitterkürbis von Natur aus bitter ist, wird er süß, wenn wir ihn eine Zeit lang in Zuckerwasser einweichen. Richten wir unseren Mind an Gott und geben uns ihm hin, werden all unsere mentalen Unreinheiten entfernt und unser Mind wird rein.

Im Rāmāyaṇa sehen wir verschiedene Arten und Ausdrucksformen der Hingabe. Bhāratas Hingabe ist anders als die von Lakṣhmaṇa. Sitas Hingabe ist anders als die von Shābarī. Ein Aspekt der Hingabe ist der ständige Wunsch nach Nähe und ständiger Begleitung durch den Geliebten. Wir können diesen Aspekt der Hingabe bei Lakṣhmaṇa sehen. Lakṣhmaṇa ist immer damit beschäftigt, Lord Rāma zu dienen. Bis zum heutigen Tag erinnert man sich an ihn als jemanden, der ständig auf Essen und Schlaf verzichtete, um seinem Herrn zu dienen. Bhāratas Hingabe war anders. Seine Hingabe war voller Gelassenheit und Sanftmut. Bhārata betrachtete sich als Rāmas Diener und regierte das Land in Rāmas Abwesenheit, um Rāma zu ehren.

Wenn man sich ständig an Gott erinnert und sich Gott völlig hingibt, sind alle Handlungen eine Verehrung Gottes. Ohne diese Einstellung sind sogar Pūjās und Hōmas in berühmten Tempeln nur „Arbeit" und keine Verehrung.

Die Stärke der Hingabe nimmt während der Abwesenheit unseres Geliebten zu. Das erleben wir sowohl bei Sita als auch bei den Gopis von Vṛindāvan. Als Lord Rāma in ihrer Nähe war, begehrte Sita das goldene Reh. Sie wurde eine Sklavin ihres Verlangens. Doch nachdem Ravana sie gefangen genommen hatte, sehnte sich Sitas Herz ständig nach Rāma. Durch das intensive Leiden, weil sie Rāma vermisste, wurden alle ihre weltlichen Wünsche ausgelöscht. Ihr Herz wurde noch einmal gereinigt und sie war fähig, mit Gott eins zu werden.

Hanumāns Hingabe ist eine Kombination aus Unterscheidungsvermögen, Enthusiasmus, Konzentration und intensivem Glauben. Einst ein Diener von Sugriva, wurde Hanumān, nachdem er Lord Rāma sah, ganz und gar zu Rāma hingezogen. Das Band, das Hanumān mit Sugrīva hatte, war weltlicher Natur, das mit Rāma war das Band zwischen Paramātman und Jīvātmā - zwischen der Höchsten Seele und der individuellen Seele. Hanumān zeigte auch, wie man sich durch stetes Chanten des göttlichen Namens beständig an Gott erinnern kann.

Um Hingabe zu entwickeln, muss man nicht in eine höhere Klasse hineingeboren werden oder sehr intelligent sein. Ein reines Herz ist alles, was man braucht. Das ist es, was wir bei Shābarī sehen. Sie glaubte ihrem Guru vollkommen, der ihr sagte, dass Lord

Rāma sie eines Tages besuchen würde. In der Erwartung, dass Rāma kommen wird, reinigte sie den Āśhram jeden Tag und sammelte alle Materialien für seine Verehrung. Sie bereitete einen besonderen Platz für Rāma vor, auf dem er sitzen sollte. So vergingen Tage, Monate und Jahre. Das lange Warten war nicht umsonst. Eines Tages kam Lord Rāma in ihre Hütte und empfing ihre liebevolle Gastfreundschaft. Shābarīs Geschichte beweist, dass Gott in den Herzen derer wohnen wird, die auf ihn warten.

Hingabe sollte nicht nur emotional sein. Hingabe, die nur auf Emotionen beruht, ist zwar intensiv, aber nur vorübergehend. Deshalb ist Hingabe, die auf Wissen basiert, notwendig. Hingabe sollte nicht für die Erfüllung unserer weltlichen Wünsche sein. Nachdem die Samen der Hingabe gesprossen sind, sollten sie gepflückt und in die Felder des Wissens gepflanzt werden. Tragen sie gute Früchte, dann ist das Ziel erreicht.

Rāma war in der Lage, den Ausdruck der Hingabe in Brüdern, Freunden, Dingen und sogar in Vögeln und anderen Tieren zu wecken.

Wo es etwas Großes gibt, werden wir es unbewusst verehren. Das liegt daran, dass die Saat der Hingabe im Herzen eines jeden von uns verborgen ist. Wir sollten sie mit unseren Gedanken, Worten und Taten nähren. Wir sollten unsere Hingabe wachsen lassen, bis wir erkennen, dass Gott das gesamte Universum durchdringt. Das Rāmāyaṇa ist ein Weg, der uns zu diesem erhabenen Zustand führt.

Die Essenz religiöser Feiertage verinnerlichen

Kinder, religiöse Feiertage sind keine Traditionen, die man einmal im Jahr feiert. Wir müssen die Botschaft, die diesen Feiertagen zugrunde liegt, verinnerlichen und in unser Leben integrieren. Hingabe und spirituelles Bewusstsein zu entwickeln und gleichzeitig in dieser materiellen Welt voranzugehen, ist ein wesentliches Prinzip von fast allen Feiertagen. Das gilt auch für die Notwendigkeit, Ungerechtigkeit von anderen zu vergeben und zu vergessen. Das hilft, überall eine Atmosphäre der Freiheit, Freundlichkeit und Einigkeit zu schaffen, so dass wir unsere Herzen öffnen und anderen helfen können. Unterschiede wie Chef und Mitarbeiter, Arbeitgeber und Arbeitnehmer, Hausherr und Diener treten in den Hintergrund.

In Indien ist es seit jeher Tradition, Leben, Bräuche, Kunst und Wissenschaft mit der Verehrung Gottes zu verbinden. So wie alle Bienen der Bienenkönigin folgen, so wird uns auch nur Gutes widerfahren, wenn wir Zuflucht zu Gott suchen. Normalerweise erwarten wir von Gott vor allem materiellen Erfolg, aber wenn wir so leben können, dass wir Gott in allem sehen und alles als seinen Willen betrachten, werden wir nicht nur materiell, sondern auch spirituell erfolgreich sein. Zufriedenheit und Frieden wird in unserem Leben herrschen. Eine Reihe von Nullen hat keinen Wert, aber schreibt man die Zahl „1" vor sie, wird ihr Wert plötzlich riesig. In ähnlicher Weise ist die eine Wahrheit, die allem einen Wert verleiht, Gott: Die Welt ist als Gott zu begreifen.

Viele Feiertage sind Ausdruck des menschlichen Wunsches, dass die Zukunft besser sein möge als die Gegenwart. Heute sucht die Menschheit nur äußere Veränderung. Aber keine Veränderung, die im Außen stattfindet, kann dauerhaft sein. Außerdem führt äußere Veränderung oft zu mehr Leid als zu Glück. Während wir also versuchen, die äußere Welt zu verändern, sollten wir auch versuchen, unsere innere Welt zu verändern. Das ist gar nicht so schwer. Tatsächlich sind es unsere Handlungen und unsere Einstellung, die diese Welt schön oder hässlich machen.

Eines Tages besuchte Gott die Hölle. Alle Bewohner dort begannen, sich bei Gott zu beschweren. „Gott, Du bist sehr parteiisch. Wir müssen schon seit Ewigkeiten in dieser schmutzigen, stinkenden Hölle leben. Doch die Bewohner des Himmels haben die ganze Zeit über im Paradies gelebt. Ist das gerecht? Sollten wir nicht wenigstens für eine gewisse Zeit die Plätze tauschen?"

Gott erhörte ihre Gebete. Die Bewohner des Himmels begannen in der Hölle zu leben und die Bewohner der Hölle begannen im Himmel zu leben. So vergingen fünf bis sechs Monate. Eines Tages stattete Gott der Hölle einen weiteren Besuch ab. Was er sah, war unglaublich. Überall gab es Bäume und Blumen. Die Bürgersteige und Straßen waren sauber. Die Menschen sangen Loblieder für Gott. Sie tanzten. Überall konnte man nur Freude sehen.

Später besuchte Gott den alten Himmel. Es war ein erbärmlicher Anblick. Die Felder waren unfruchtbar geworden, die Pflanzen verdorrt. Nirgendwo gab es auch nur eine einzige Blume. Die Straßen waren voller Müll, Pfützen aus Urin und Haufen menschlicher Ausscheidungen. Die Menschen benutzten unflätige Ausdrücke und gerieten ständig in Schlägereien. Kurzum, der alte Himmel war zu einer Hölle geworden.

Kinder, so ist das Leben wirklich. Wir selbst sind es, die Himmel und Hölle erschaffen.

Wir sollten lernen, Freude und Leid mit Gleichmut anzunehmen. Wir sollten versuchen, ein gewisses Maß an Losgelöstheit zu entwickeln. Weder sollten wir angesichts von Schwierigkeiten zusammenbrechen noch sollten wir in Zeiten des Erfolgs egoistisch vor Freude tanzen. Ohne eine Haltung der Bindungslosigkeit werden wir bald erschöpft sein. Manche Menschen fallen so tief in eine Depression, dass sie sogar Selbstmord begehen. Messen wir dem materiellen Erfolg zu viel Bedeutung bei, verliert das Leben seinen Glanz. Erinnern wir uns mehr an Gott und konzentrieren wir uns auf die spirituelle Entwicklung, werden die kleinen Höhen und Tiefen des Lebens nicht so wichtig sein. Außerdem wird in unseren Herzen allmählich eine wahrhaft ewige Glückseligkeit wachsen.

Begehen wir einen Feiertag, sollten wir unseren Fokus mehr auf dessen wesentlichen Werte als auf die äußeren Feierlichkeiten richten. Wir sollten diese Prinzipien in unser Leben aufnehmen und verinnerlichen. Möge die Gnade meinen Kindern helfen, dies zu erreichen.

Navarātri soll uns Demut lehren

Kinder, Vijayadaśhamī ist ein heiliger Tag, an dem unsere Jüngsten an der Hand geführt werden, um die ersten Buchstaben des Wissens zu schreiben. Vijayadaśhamī ist auch die Verehrung der Vollkommenheit und Ganzheit von Śhakti - der göttlichen weiblichen Energie. Diese besondere Verehrung findet während der neun Tage von Navarātri statt. An diesem Tag betreten die Kinder die Welt des Wissens, indem sie mit dem Segen von Sarasvati, der Göttin des Wissens, „hari-śhrī" schreiben. Das Kind kann Wissen empfangen, weil es seinen Zeigefinger dem Guru anvertraut. Der Zeigefinger, der auf die Fehler und Irrtümer anderer hinweist, ist ein Symbol für das Ego. Indem das Kind den Zeigefinger dem Guru anvertraut, gibt es symbolisch sein eigenes Ego an den Guru ab.

Derjenige, der wahres Wissen erlangt hat, ist von Natur aus bescheiden. Er wird das Gute in jedem sehen. Er wird jeden mit Respekt und Wertschätzung annehmen. Das Ego ist allein unsere Schöpfung; alles andere ist die Schöpfung Gottes. Es ist dieses Ego, das wir Gott überlassen müssen.

An Vijayadaśhamī feierm sowohl die Gebildeten als auch die Ungebildeten einen Neuanfang des Wissens, indem sie auf die gleiche Weise hari-śhrī schreiben. Wissen erlangt Vollkommenheit, wenn man die Begrenzung des bisher erworbenen Wissens erkennt und die demütige Haltung einnimmt: „Ich muss noch viel mehr wissen und lernen." Dann ist derjenige begeistert, sich dieses neue Wissen anzueignen. Vijayadaśhamī erinnert uns daran, dass wir im Leben immer Demut, Enthusiasmus und eine Haltung der Selbsthingabe bewahren sollten.

An Durgāṣhṭamī werden Bücher, Musikinstrumente und berufsbezogene Materialien zur Verehrung am Altar aufbewahrt. Sie werden dann an Vijayadaśhamī zurückgegeben. Dies symbolisiert die Hingabe unseres eigenen Lebens an Gott und wir erhalten den göttlichen Segen zurück. Vijayadaśhamī ist ein Symbol für einen Neubeginn im Leben mit einem neuen Entschluss, sich an Gott zu erinnern.

Sind wir erfolgreich, sagen wir: „Das habe ich getan!" Aber wenn wir versagen, sagen wir, dass Gott uns bestraft. So sollte es nicht sein. Wir sollten die Einstellung haben, dass Gott alles tut, dass „ich nur ein Instrument in seinen Händen bin". Navarātri lehrt uns, dass dieses Bewusstsein in uns erwecken soll, dass alles im Leben das Ergebnis von Gottes Segen und Macht ist und dass wir niemals persönlich stolz auf einen Sieg sein sollten. Das Erinnern und die Selbsthingabe an Gott machen das Leben glückselig.

Navarātri lehrt uns die Bedeutung des schrittweisen Fortschritts und die endgültige Befreiung durch den Weg der Hingabe. Es lehrt uns, dass dies wichtiger ist als materielle Erfolge.

Die göttliche Mutter erweckt unser inneres spirituelles Wissen, indem sie unsere mentalen Unreinheiten beseitigt und unser Ego zerstört, sofern Gottverwirklichung unser Lebensziel ist.

Zu Weihnachten Liebe schenken

Kinder, die Weihnachtszeit weckt in den Herzen der Menschen die Schwingungen der Güte, des Mitgefühls und der guten Wünsche. Weihnachten erinnert uns daran, dass unser Herz von der Liebe zu Gott und zu unseren Mitmenschen erfüllt sein sollte. Es erinnert uns daran, Gefühle des Egoismus und des Hasses loszulassen. Mahātmās wie Christus haben diese Gutherzigkeit durch ihr Leben bewiesen.

Weihnachten ist auch die Zeit, um unsere Beziehungen zu anderen Menschen zu heilen. Menschen entwickeln leider oft negative Gefühle gegenüber ihren Verwandten, Freunden und Kollegen. Dies geschieht meistens, wenn andere Menschen unsere Erwartungen nicht erfüllten. Negative Gefühle entstehen aber auch durch Missverständnisse, die wir mit anderen haben. Ob es nun richtig ist oder nicht, verstehen wir andere auf Basis unserer eigenen Kultur und unseren Erfahrungen. Ein Dieb denkt auch, dass alle anderen Menschen ihn bestehlen wollen!

Als eine Frau von der Arbeit nach Hause kam, sah sie ihre Tochter mit je einem Apfel in jeder Hand. Sie sagte sehr liebevoll: „Meine liebe Tochter, kann ich einen Apfel haben?"

Das Mädchen schaute in das Gesicht ihrer Mutter und biss dann in den Apfel in ihrer rechten Hand. Dann biss sie auch in den anderen Apfel! Als die Mutter das sah, verfinsterte sich ihr Gesicht. Sie versuchte, es zu verbergen, aber sie war sehr enttäuscht. Doch schon im nächsten Moment bot ihre Tochter ihr den Apfel in ihrer rechten Hand an und sagte: „Mama, nimm den. Der ist süßer!"

Die Mutter war unfähig, die unschuldige Liebe ihres eigenen Kindes zu verstehen. Diese Geschichte zeigt uns, wie falsch wir liegen können, wenn wir andere auf der Grundlage unseres eigenen begrenzten Verständnisses beurteilen.

Ganz gleich, wie erfahren oder kompetent wir auch sein mögen, wir dürfen niemals voreilig sein und andere beschuldigen oder beleidigen. Wir müssen ein gutes Herz haben, ihnen zuhören und auch ihre Seite der Geschichte verstehen. Auch wenn wir glauben, dass jemand das schlimmste Verbrechen begangen hat, müssen wir ihm die Gelegenheit geben sich zu erklären. Es ist möglich, dass wir die Situation falsch beurteilen.

An Weihnachten zu schenken und beschenkt zu werden, ist für jeden eine große Freude. Die besten Geschenke sind jedoch nicht die gekauften, sondern wenn wir unsere schlechten Gewohnheiten ablegen und unsere Familie, Freunde und Kollegen mit Liebe und Respekt behandeln. Der wahre Geist von Weihnachten sollte durch solche positiven Veränderungen in unser aller Leben treten.

Śhivarātri ist dazu da, sich auf Gott einzulassen

Kinder, Tempelfeste, Feiertage und gemeinsame Verehrung spielen eine wichtige Rolle, damit sich die Menschen Gott zuwenden. Betet eine Gruppe Menschen gemeinsam und erinnert sich an Gott, erzeugt dies gute Schwingungen in der Atmosphäre. Betet ein Mensch allein, kann es für ihn schwierig sein, die negativen Schwingungen in der Atmosphäre zu überwinden. Gemeinsame Verehrung schafft eine Atmosphäre, die günstig ist für die Konzentration auf Gott. Dadurch wird die Spiritualität in den Menschen gestärkt.

Das eigentliche Ziel von Tempelfesten ist es, dass Menschen über Gott nachdenken und seine Verehrung auch über die Tage der Feierlichkeiten hinaus fortführen. Ein wichtiges Fest ist Śhivarātri. Śhivarātri weist uns darauf hin, wie wichtig es ist, sich von negativen Gedanken zu befreien und unsere Gedanken auf Gott auszurichten. Es erinnert uns daran, nach dem wichtigsten Ziel des menschlichen Lebens zu streben.

Shivarātri ist ein Fest des Verzichts und der Enthaltsamkeit. Tagsüber wird in der Regel gefastet und nachts verzichten die Menschen auf den Schlaf und singen Bhajans. Die meisten Menschen sind nicht bereit, auf Essen oder Schlaf zu verzichten. Doch Shivarātri ermutigt auch Menschen ohne Glauben, ihre Liebe zu Gott zu wecken. Es inspiriert sie dazu, auf Essen und Schlaf zu verzichten und Zeit mit Meditation und dem Singen von Bhajans zu verbringen.

Einmal ging eine Gopikā zu Nandagopas Haus, um Feuer zu holen und die abendliche Öllampe anzuzünden. Sie hoffte auch, Baby Krishna zu sehen. Als sie das Haus betrat, spitzte sie den Docht ihrer Lampe an und begann ihn anzuzünden, indem sie ihn an die Flamme der Lampe im Haus hielt. Genau in diesem Moment fiel ihr Blick auf den kleinen Krishna in seiner Wiege. Ihre ganze Aufmerksamkeit richtete sich auf Krishna. Sie bemerkte gar nicht mehr, dass ihre eigenen Finger anfingen zu brennen.

Nachdem sie einige Zeit auf ihre Tochter gewartet hatte, ging die Mutter der Gopikā zum Haus von Nandagopa, um sie zu suchen. Der Anblick, der sich ihr bot, war unfassbar. Ihre Tochter war so vertieft in die Erscheinung des kleinen Kṛiṣhṇa, dass sie den brennenden Docht mit ihren eigenen Fingern statt mit der Lampe hielt. Die Mutter der Gopikā rannte zu ihr und zog sie vom Feuer weg. „Was tust du, meine Tochter?", rief sie. Erst dann wurde sich die Gopikā der Welt um sie herum bewusst. Als diese Gopikā Kṛiṣhṇa sah, hatte sie alles andere vergessen. In diesem erhabenen Zustand hingebungsvoller Verzückung fühlte sie keinen Schmerz. Diese Geschichte lehrt uns, wenn wir die Liebe zu höheren Zielen entwickeln, gewinnen wir die Kraft, alle mentalen und körperlichen Schwächen zu überwinden.

Mögen wir durch die Einhaltung der Śhivarātri-Rituale Liebe zu Gott entwickeln und perfekte Gefäße werden, um die Gnade und den Segen von Lord Śhiva zu empfangen, der die Verkörperung von Verzicht, Enthaltsamkeit und Wissen ist.

Kṛiṣhṇa zu verehren heißt, wie Kṛiṣhṇa zu werden

Sri Kṛiṣhṇa lebte vor etwa 5.000 Jahren. Die Tatsache, dass sich die Menschen heute noch an ihn erinnern und ihn verehren, ist ein Beweis für seine Großartigkeit. Śhrī Kṛiṣhṇa verehren heißt, wie Śhrī Kṛiṣhṇa zu werden. Sein Leben sollte zum Vorbild für unser Leben werden. Śhrī Kṛiṣhṇas Gestalt ist außerordentlich schön, aber diese Schönheit ist nicht auf die physische Form beschränkt. Es ist die unsterbliche Schönheit des Herzens.

Moksha - die Befreiung vom Leid - ist nicht etwas, das nach dem Tod in einer anderen Welt erreicht wird. Es ist etwas, das man verstehen und erfahren muss, während man hier in dieser Welt lebt. Śhrī Kṛiṣhṇa lehrte dieses Prinzip durch sein eigenes Leben. Śhrī Kṛiṣhṇas Lebensgeschichte lehrt uns die Bedeutung des Lebens in dieser Welt und wie man es leben sollte. Er war ein Mahāguru, der selbst die Misserfolge im Leben mit Begeisterung feierte.

Bringe andere nicht zum Weinen, sondern zum Lächeln - das war die Lehre, die Śhrī Kṛishṇa selbst vorlebte. Er ist der Wagenlenker, der unseren Wagen zur Glückseligkeit führt.

Gewöhnlich erfreuen sich die Menschen gerne am Leid anderer. Das Lachen Śhrī Kṛishṇas aber war seine innere Glückseligkeit, die aus der Fülle seines Herzens in die Welt strömte. Das war der Grund, warum sein Lächeln selbst bei Niederlagen auf dem Schlachtfeld nie von seinem Gesicht wich. Er zeigt uns, dass wir über unsere eigenen Schwächen und Unzulänglichkeiten lachen sollten.

Śhrī Kṛishṇa ist ein Vorbild für uns alle, unabhängig von unserem eigenen Betätigungs-feld. Er lebte sowohl mit Königen als auch mit einfachen Menschen. Obwohl er als Prinz geboren wurde, hütete er Kühe, fuhr den Wagen, wusch anderen die Füße und verrichtete sogar niedere Arbeiten wie das Abräumen der Palmblattteller nach dem Festessen. Er war sogar bereit, als Bote des Friedens zu den Demonen zu gehen.

Er war ein Revolutionär, der seine Stimme gegen unangemessene Bräuche erhob. Er riet den Menschen davon ab, Indra um Regen zu bitten und sagte ihnen, sie sollten stattdessen den Gōvardhana-Hügel verehren. Er erklärte ihnen, dass tatsächlich diese Berge die Regenwolken blockieren. Die ersten Lehren zum Umweltschutz wurden uns von Śhrī Krishna erteilt. Auch jetzt müssen wir uns bemühen, die Natur zu schützen und die Harmonie in der Welt um uns herum zu erhalten. Ist die Harmonie der Natur gestört, geraten auch die Beziehungen zwischen den Menschen in Disharmonie.

Die meisten von uns werden unzufrieden und träge, wenn sie nicht eine Arbeit bekommen, die ihnen gefällt. Wir sollten alle Arten von Arbeit mit Freude und Zufriedenheit ausführen und uns alle bemühen, den Enthusiasmus und die Geduld von Śhrī Krishna nachzuahmen. Manchmal sind die Gegebenheiten günstig, manchmal ungünstig. Erfüllt eure Aufgaben trotzdem mit Begeisterung. Ihr könnt euch mit allen möglichen Aufgaben beschäftigen, aber bleibt innerlich ein Zeuge. Das ist die Bedeutung von Śhrī Krishnas Lächeln. Das ist das Herzstück von Lord Krishnas Botschaft an die Welt.

Liebe

Die Leiter der Liebe bis zum Gipfel erklimmen

Kinder, das Einzige, wonach sich die meisten Menschen auf dieser Welt sehnen, ist die Liebe. Ein Mensch sucht sich Freunde, heiratet und führt ein Familienleben, alles aus Liebe. Doch tragischerweise ist die Liebe das, woran es in der heutigen Welt am meisten mangelt. Das liegt daran, dass sich jeder danach sehnt, Liebe zu empfangen, aber niemand will Liebe geben. Selbst wenn Liebe gegeben wird, ist sie mit vielen Erwartungen und Bedingungen verbunden. Solche „liebevollen" Beziehungen können in jedem Moment zerbrechen. Die Liebe kann in Hass und Feindseligkeit umschlagen. Das ist die Natur der Welt. Haben wir diese Wahrheit einmal verstanden, erleben wir keinen Schmerz mehr. Hitze und Licht sind die Natur des Feuers. Wir können uns das Feuer nicht nur mit einer dieser beiden Eigenschaften vorstellen. Sobald wir akzeptieren, dass es in der weltlichen Liebe ein gewisses Maß an Leid geben wird, werden wir in der Lage sein, alles mit Gleichmut zu akzeptieren.

In jedem von uns steckt reine Liebe. Jeder hat auch die Fähigkeit ohne Erwartungen zu lieben. Da die Liebe unsere wahre Natur ist, geht sie nie verloren. Ein Edelstein, der in Öl getaucht ist, scheint seinen Glanz verloren zu haben. Aber der Glanz kann wiederhergestellt werden. Wir müssen ihn nur reinigen. Genauso können wir uns selbst die reinste Form der Liebe zurückgeben, indem wir unsere mentalen Unreinheiten beseitigen.

Liebe ist eine Leiter mit vielen Stufen. Heute stehen die meisten von uns auf der untersten Stufe. Dort sollten wir nicht für den Rest unseres Lebens bleiben. Stattdessen sollten wir jede Stufe als Möglichkeit nutzen, um die nächste zu erreichen. Wir sollten nicht aufhören, bis wir die höchsten Liebe erreicht haben. Diese Liebe ist das eigentliche Ziel des Lebens.

„Ich liebe dich" ist ein geläufiger Ausdruck. Aber er ist falsch. Die Wahrheit ist: „Ich bin

Liebe. Ich bin die Verkörperung von Liebe." Wenn wir sagen: „Ich liebe dich", gibt es ein „Ich" und ein „Du". Es gibt eine Trennung. Zwischen diesem „Du" und „Ich" ist die Liebe gefangen. Dort wird sie unterdrückt und verschwindet schließlich.

Der Versuch, mit der Einstellung „Ich" und „Du" zu lieben, ist wie eine kleine Schlange, die einen sehr großen Frosch verschlucken möchte. Beide werden leiden. Aber wird Liebe ohne Erwartungen gelebt, gibt es kein Leiden. Unsere selbstlose Liebe hilft, die selbstlose Liebe auch in anderen zu wecken. Dann wird unser Leben von Liebe und Glück erfüllt sein. Sobald wir erkennen: „Ich bin die Verkörperung der Liebe", können wir niemals egoistische Wünsche oder Erwartungen haben. Wie ein Fluss, der ohne Unterbrechung fließt, verwandelt sich unser Leben in reine Liebe, die zu allen Menschen fließt. Dann erhält die Welt nur Gutes von uns. Mögen wir alle zu diesem höchsten Zustand der reinen Liebe emporsteigen.

Liebe macht unser Leben göttlich

Kinder, viele unsere Beziehungen zu anderen beruhen auf der Grundlage von Gewinn und Verlust. Inmitten des Erwerbs von Reichtum vergessen wir oft den Reichtum der Liebe. Die Liebe ist der Reichtum, der unser Leben göttlich macht. Die Liebe ist wahre Lebensqualität.

In der göttlichen Schöpfung sind viele Dinge mit der Fähigkeit gesegnet, andere anzulocken und glücklich zu machen. Zum Beispiel ziehen die Schönheit der Schmetterlinge, der Duft der Blumen und die Süße des Honigs jeden an und verbreiten Freude. Diese Schönheit, der Duft und die Süße kommen von innen, nicht von außen. Aber wie sieht es mit der göttlichsten Schöpfung, genannt Mensch aus? Möchte er gut duften, muss er Parfüm auftragen. Will er schön sein, muss er sich gut kleiden und schminken. Trotz alledem ist das, was aus dem Inneren des Menschen kommt, übelriechende Unreinheit. Bemühen wir uns jedoch, können wir Freude, Wohlbefinden und gute Energie an andere weitergeben. Der Weg dorthin führt über gute Gedanken, liebevolle Worte, ein lächelndes Wesen und selbstloses Handeln.

Dieses Leben kann jederzeit enden. Solches Bewusstsein hilft uns, die richtige Perspektive zu haben. Dann werden wir, selbst dem Tod mit Freude begegnen.

Ärzte können Patienten mit tödlichen Krankheiten wie Krebs sagen: „Sie werden nur noch drei bis sechs Monate leben". In dem Moment, mit dem Tod vor Augen, erkennen sie, dass sie keinen materiellen Gewinn oder Ruhm mehr erlangen werden und dass ihre einzige Rettung in Gott liegt. Mit dieser Erkenntnis geschieht eine große Veränderung in ihrem Inneren. Sie entwickeln einen Mind, der jeden liebt. Sie wollen denen vergeben, die ihnen Leid zugefügt haben und suchen Vergebung bei denen, die sie verletzt haben.

Einige haben zu Amma gesagt: „Amma, in den wenigen Tagen, die mir noch bleiben, möchte ich so leben, dass ich jeden liebe. Ich war nicht in der Lage, meine Frau und meine Kinder wirklich zu lieben. Jetzt möchte ich ihnen viel Liebe geben. Ich möchte diejenigen lieben, die mich hassen, und diejenigen, die ich gehasst habe. Nicht nur das, ich habe viele Menschen verletzt und ich möchte auch sie um Vergebung bitten."

Wir alle sind fähig, andere auf diese Weise zu lieben und ihnen zu vergeben. Wir müssen nicht warten, bis der Tod vor uns steht. Beginnen wir heute damit, können wir diese Haltung entwickeln.

Nicht Reichtum oder Ruhm, sondern Liebe, Mitgefühl und Fürsorge werden unser Leben göttlich machen. Heutzutage braucht die Menschheit diese eine Erkenntnis.

Die Natur des Gurus

Für die feinstoffliche Wissenschaft braucht man einen Lehrer

Ob es sich um Kunst, Wissenschaft, Geschichte oder das Kochen eines guten Essens handelt, sogar zum binden der Schnürsenkel braucht man einen Lehrer. Spiritualität ist eine Wissenschaft, die sich mit dem inneren Selbst beschäftigt. Als solche ist sie anspruchsvoller als jede andere Wissenschaft. Wenn man für alle materiellen Wissenschaften - die grob-stofflicher sind - einen Lehrer braucht, wie verhält es sich dann mit der Spiritualität, der feinstofflichsten Wissenschaft von allen?

Einen Guru sucht man sich nicht wirklich aus. Die Beziehung entsteht spontan - sogar noch spontaner als wenn man sich verliebt. Damit es jedoch einen Guru gibt, muss es zuerst einen Schüler geben. Sobald der Schüler bereit ist, erscheint der Guru einfach.

Ein Satguru - ein wahrer Meister - ist völlig frei von Ego. Deshalb kann er keine Ansprüche stellen. Der Satguru ist der Inbegriff von reiner Liebe, Mitgefühl und Selbstaufopferung. Der Satguru ist bescheidener als der Demütigste und einfacher als der Einfachste. In einer wahren Guru-Schüler-Beziehung ist es schwierig aufgrund der unglaublichen Demut des Gurus den Unterschied zwischen dem Guru und dem Schüler zu erkennen. Da der Satguru das Gefühl einer getrennten Individualität und alle Vorlieben und Abneigungen transzendiert hat, stellt er an den Schüler keine Ansprüche. Ein solcher Guru sieht nur die Göttlichkeit - das selbstleuchtende Selbst, das reine Bewusstsein - in allem.

Eines Tages wandte sich die Dunkelheit an Gott und sagte: „Ich habe nie etwas getan, um der Sonne zu schaden, aber sie verfolgt mich ständig. Wohin ich auch gehe, kommt sie bald nach und ich muss weglaufen. Ich komme nie zur Ruhe. Ich will mich nicht beklagen, aber genug ist genug! Wie lange soll das noch so weitergehen?"

Gott rief sofort die Sonne herbei und fragte sie: „Warum verfolgst du die arme Dunkelheit?"

Die Sonne sagte: „Wovon sprichst du? Ich habe noch nie etwas gesehen, das sich Dunkelheit nennt." Und tatsächlich, Gott sah sich um, die Dunkelheit war nicht mehr da. Sie war verschwunden. Die Sonne sagte: „Wenn du die Dunkelheit zu mir bringst, bin ich bereit, mich zu entschuldigen oder alles zu tun, was du sagst. Vielleicht habe ich sie unbewusst verletzt. Aber lass sie mich wenigstens sehen - diese Person, die sich über mich beschwert."

Es heißt, die Klage der Dunkelheit gegen die Sonne ist noch immer aktuell. Bis heute ist es Gott nicht gelungen, beide Seiten zusammen-zubringen. Manchmal kommt die Dunkelheit, manchmal die Sonne, aber nie beide gleichzeitig. Solange nicht beide zusammen anwesend sind, kann der Streit nicht entschieden werden.

Wie kann die Dunkelheit der Sonne be-gegnen? Dunkelheit hat keine Existenz; sie ist nur die Abwesenheit von Licht. Wo also

Licht vorhanden ist, kann seine Abwesenheit nicht existieren.

Da wir keinen Bezug zur Spiritualität haben, gibt uns der Guru die notwendigen Anweisungen, Hinweise und Klarheit, damit wir die spirituellen Prinzipien in ihrer einfachsten und reinsten Form verstehen und aufnehmen können.

Spiritualität und spirituelles Denken sind das genaue Gegenteil von weltlichem Leben und materiellem Denken. Was passiert also, wenn wir mit unseren alten Denkmustern zum spirituellen Leben kommen? Wir scheitern. Es dauert eine Weile, bis wir verstehen. Doch der Guru ist geduldig. Er wird erklären und zeigen, erklären und zeigen, erklären und zeigen, immer und immer wieder, bis wir schließlich verstehen. Will man eine Fremdsprache lernen, ist es am besten, mit einem „Muttersprachler" zusammen-zuleben. Der Guru ist der Muttersprachler der Spiritualität, der Selbstverwirklichung.

Der Guru bringt uns von der bekannten Welt der Unterschiede in die unbekannte Welt des Eins-Seins. Ein Satguru ist im völligen Eins-Sein mit dem Höchsten verankert. Deshalb sieht er die Göttlichkeit überall. Schaut er den Schüler an, sieht er die göttliche Schönheit, die in ihm schlummert. So ähnlich sieht ein Bildhauer die schöne Statue, die in einem Stein verborgen ist. Wie der Bildhauer die scharfen Kanten des Steins bearbeitet, damit die schöne Statue entsteht, so arbeitet auch der Guru an den Schwächen und Begrenzungen des Schülers, um ihm zu helfen, sein Wahres Selbst zu erkennen.

Bei echter Hingabe gibt es kein Denken, weil der Mind transzendiert. Was wir gegenwärtig „Selbst-Hingabe" nennen, ist nur Nachdenken darüber, ob man sich hingeben soll oder nicht. Mit anderen Worten: Während ein Schüler von einem Satguru angeleitet wird, gibt es immer noch mentale Konflikte und innere Kämpfe. Erst wenn der endgültige Zustand der Selbst-Hingabe erreicht ist, dann ist auch dieser Konflikt beendet und die Selbstverwirklichung findet statt. Sich hinzugeben ist kein „Tun"; es ist ein „Geschehen". Es ist eine Haltung, die jeden Lebensaspekt des Schülers prägt.

Im Allgemeinen ist mit dem Wort „Hingabe" viel Angst verbunden. Hören wir es, befürchten wir, dass wir durch hingebe alles verlieren. Doch in Wirklichkeit bringt uns wahre Selbst-Hingabe nur mehr Klarheit, mehr Liebe, mehr Mitgefühl, mehr Erfolg, mehr von allem, was gut, schön und weise ist. Hingeben ist, wenn die Schale des Samens aufbricht um ein Baum zu werden.

Mahātmās kommen herab, um uns zu erheben

Kinder, Spiritualität ist Selbsterkenntnis - das Erkennen der eigenen wahren Natur. Kann ein König nicht erkennen, dass er der König ist, dann ist sein Königsein nutzlos. Weiß ein Bettler nicht, dass sich unter seiner Hütte ein wertvoller Schatz befindet, wird er weiterhin als Bettler leben. Die meisten Menschen befinden sich in einem ähnlichen Zustand. In ihrem Streben nach Reichtum und Vergnügen verletzen sie sich selbst und andere. Sie zerstören sogar die Natur. Wollen wir solche Menschen erheben, müssen wir uns auf ihr Niveau begeben.

Einmal kam ein merkwürdig gekleideter Zauberer in ein Dorf. Die Dorfbewohner begannen, sich über ihn lustig zu machen. Als sie die Grenze dabei überschritten, wurde der Zauberer wütend. Er nahm etwas Asche, sang ein Mantra und warf sie in den Dorfbrunnen. Sein Fluch war, dass jeder, der das Brunnenwasser trank, verrückt werden würde. Und genau das geschah. Bald war jeder im Dorf wahnsinnig.

Der Dorfvorsteher hatte jedoch einen eigenen Brunnen. Ihm ging es gut. Die Dorfbewohner waren völlig verrückt. Sie plapperten jeden Unsinn aus, der ihnen in den Sinn kam, tanzten herum und benahmen sich wie von Sinnen. Allmählich bemerkten sie, dass ihr Dorfvorsteher sich nicht so verhielt wie sie. Sie waren erstaunt. Sie entschieden, dass er der Verrückte sei und versuchten, ihn zu fesseln. Es war ein totales Chaos. Irgendwie entkam der Dorfvorsteher. Er dachte: „Die Dorfbewohner sind alle verrückt geworden. Sie werden mich nicht in Ruhe lassen, wenn ich mich anders verhalte als sie. Wenn ich hier leben und sie erziehen soll, gibt es nur eines, was ich tun kann: Ich muss mich genau wie sie verhalten. Um einen Dieb zu fangen, muss man sich vielleicht wie einer verhalten." Mit diesem Entschluss begann der Dorfvorsteher zu tanzen und sich genauso verrückt zu verhalten wie die Dorfbewohner. Sie freuten sich nun, dass ihr Oberhaupt von seinem Wahnsinn geheilt worden war.

Nach und nach ermutigte der Dorfvorsteher die Dorfbewohner, einen weiteren Brunnen zu graben und daraus Wasser zu trinken. Schließlich kehrten alle zur Normalität zurück.

Mahātmās sind wie dieser Dorfvorsteher. Die Leute mögen sich über sie lustig machen. Sie mögen sie sogar als „verrückt" bezeichnen. Aber Mahātmās, für die Lob und Beleidigung das gleiche sind, kümmern sich nicht darum. Sie steigen herab auf die Ebene der Menschen und erheben sie, indem sie den andern ein Beispiel setzen, ihnen dienen und sie ohne Erwartungen lieben.

Spiritualität ist kein blinder Glaube an Gott oder Einhaltung religiöser Bräuche. Es geht darum, die Herzen zu vereinen. Nur wenn unsere Religion zur Spiritualität wird, wird die Gesellschaft auf einem soliden Fundament von Dharma, universellen Werten und dem Dienst am Nächsten aufgebaut.

Der Guru verkörpert die höchste Wahrheit

Kinder, manche Menschen denken, sich dem Guru hinzugeben, bedeutet, ein Sklave, also unfrei zu werden. Gegenwärtig sind wir wie der König, der eines Nachts träumte, er sei ein Bettler und daraufhin deprimiert war. Der Guru weckt uns aus dem Schlaf der Unwissenheit, der die eigentliche Ursache all unseres Leidens ist.

Selbst wenn wir ein Gedicht vergessen haben, das wir als Jugendliche gelernt haben, fällt uns das wieder ein, hören wir jemanden die ersten Zeilen rezitieren. In ähnlicher Weise befinden wir uns in einem Zustand einer spirituellen Vergesslichkeit - und die Lehren des Gurus haben die Macht, uns zu wecken.

In jedem Samen steckt ein Baum. Damit dieser Baum zum Vorschein kommt, muss der Same erst unter die Erde kommen und aufbrechen. Solange die Schale des Egos nicht aufbricht, werden wir die Realität, dass wir die unendliche Wahrheit sind, niemals erfahren. Der Guru fördert diesen Entwicklungsprozess.

Soll ein Setzling zu einem Baum heranwachsen, braucht er eine günstige Umgebung. Er muss zur richtigen Zeit bewässert und gedüngt werden. Er muss vor verschiedenen Schädlingen geschützt werden. Der Guru tut dasselbe für seine Schüler auf spiritueller Ebene, er pflegt sie und schützt sie vor den verschiedenen Hindernissen und Fallstricken.

So wie ein Filter das Wasser reinigt, reinigt der Guru den Mind des Schülers und beseitigt das Ego. Gegenwärtig sind wir auf Schritt und Tritt Sklaven des Egos. Wir setzen unser Unterscheidungsvermögen nicht ein und sind dadurch unfähig, im Leben voranzukommen.

Als ein Dieb in ein Haus einbrach, wachten die Bewohner auf und er musste fliehen. Die Leute im Haus schrien: „Ein Dieb! Ein Dieb!" und bald rannte eine große Menschenmenge hinter dem Dieb her. Der schlaue Dieb kam auf eine Idee. Er fing auch an zu rufen: „Ein Dieb! Ein Dieb!" Er schaffte es, sich unter die Menge zu mischen und der Festnahme zu entgehen. So verhält es sich mit dem Ego. Es ist schwierig für den Schüler dieses zu erkennen und selbst zu zerstören. Die Erziehung durch einen Satguru ist deshalb unverzichtbar.

Der Guru versucht, das Ego des Schülers vollständig zu entfernen. Sich den Anweisungen eines Gurus zu unterwerfen, ist keine Sklaverei, sondern der Weg zu vollkommener Freiheit und ewigem Glück. Das einzige Ziel des Gurus ist es, seine Schüler vollständig vom Leid zu befreien. Schimpft der Guru mit ihm, mag der Schüler ein wenig traurig sein, aber der Guru schimpft nur mit einem Ziel - alle negativen Tendenzen des Schülers zu überwinden, zu zerstören und sein Wahres Selbst zu erwecken. Während dieses Prozesses wird der Schüler vermutlich einige emotionale Schmerzen erleben. Dieser Schmerz ist vergleichbar damit, wenn ein Arzt eine Wunde zusammendrückt, um sie von Eiter und Bakterien zu befreien. Um alles zu entfernen, muss der Arzt vielleicht sogar die Wunde aufschneiden. Einem unkundigen Betrachter mag der Arzt grausam erscheinen. Verzichtet der Arzt aber aus „Mitleid" mit dem

Patienten darauf und verabreicht nur äußerliche Medikamente, wird die Wunde nie heilen. So wie das einzige Ziel des Arztes darin besteht, den physischen Körper von Unreinheiten zu befreien, besteht das einzige Ziel des Gurus darin, die Negativität des Mindes zu beseitigen.

In Wirklichkeit ist der Guru nicht nur ein Individuum. Er ist das Parama Tattvam - das höchste Prinzip. Er ist die Verkörperung von Wahrheit, Verzicht, Liebe und Dharma. In Gegenwart eines Satgurus ist der/die Schüler in der Lage, alles, was der Guru repräsentiert, in sich aufzunehmen und sich zu befreien. Das ist die wahre Größe der Anwesenheit des Gurus.

Unsere Kultur

Die Ältesten respektieren

Kinder, einer der wichtigsten Aspekte der indischen Kultur ist es, unsere Eltern, Lehrer und Älteren zu respektieren und ihnen zu gehorchen. Früher war es unsere Gewohnheit, uns vor unseren Eltern zu verbeugen, respektvoll aufzustehen, wenn sie einen Raum betraten, und den Älteren den Vortritt zu lassen. Es ist traurig, dass wir diese Gewohnheiten nicht beibehalten haben und dass wir es versäumen, sie der nächsten Generation zu vermitteln.

Manche Leute fragen: „Ist es nicht ein Zeichen von Schwäche oder Sklavenmentalität, lässt man jemandem den Vortritt und gehorcht ihm?" Kinder, denkt niemals so. Es ist nicht so. Dies sind praktische Wege, um Harmonie in unseren Familien und in der Gesellschaft herzustellen. Damit eine Maschine zuverlässig funktioniert, müssen wir sie richtig warten, mit Öl usw. Dann wird sie immer einsatzbereit sein. In ähnlicher Weise müssen wir gute Gewohnheiten pflegen, wie zum Beispiel unseren Ältesten zu gehorchen und ihnen den Vorrang zu geben, um Reibungen zwischen Einzelnen zu vermeiden, damit sich die Gesellschaft ohne Probleme weiterentwickeln kann.

Die Menschen respektieren Autoritätspersonen. Tatsächlich schützen wir damit die Gesetze des Landes. Gehorchen und achten wir Menschen, die uns in Bezug auf Alter und Wissen überlegen sind, respektieren wir auch ihren Erfahrungsschatz. Bringt ein Schüler seinem Lehrer Respekt entgegen, zeigt er damit, dass er lernen möchte. Es hilft ihm, den Worten des Lehrers konzentriert zuzuhören und den Unterricht vollständig zu verstehen. Das Herz des Lehrers schmilzt, sieht er die Bescheidenheit und Neugier des Schülers. Er versucht dann von ganzem Herzen, sein Wissen an seinen Schüler weiterzugeben. Es ist letztlich der Schüler, der durch Respekt und Gehorsam am meisten gewinnt.

Einmal suchte ein Mann überall nach einem glatten, kugelförmigen Stein, den er für seine Pūjā verwenden wollte. Er kletterte sogar auf einen Berg, aber er konnte keinen einzigen glatten, kugelförmigen Stein finden. In seiner Frustration trat er gegen einen Stein, der daraufhin den Berg hinunterstürzte. Als er hinunterkletterte und den Fuß des Berges erreichte, fand er plötzlich einen sehr schönen, glatten, kugelförmigen Stein. Dies war genau der Stein, den er vom Gipfel des Berges getreten hatte. Er war durch den Zusammenstoß mit anderen Steinen auf seinem Weg nach unten glatt geworden. Die scharfen Kanten unseres Egos werden nur dann verschwinden, wenn wir die Haltung des „Ich" und „Mein" ablegen und Gehorsam und Einfachheit erlangen. Nur dann werden wir einen reifen Mind bekommen.

Gehorsam ist niemals ein Hindernis für freies Denken und Wachstum. Gibt es in der Wissenschaft eine neue Erfindung, ist dort freies Denken möglich. Aber die Grundlage dafür war die vorher geleistete Arbeit der früheren Wissenschaftler. Nur wenn jede Generation die Beiträge der vorangegangenen Generation mit Demut und Gehorsam verinnerlicht, wird es echten Fortschritt geben.

Die Harmonie der Natur wiederherstellen

Kinder, alles in diesem Universum hat seinen eigenen Rhythmus. Der Wind, der Regen, die Wellen im Ozean, unser Atem, unser Herzschlag - all das hat seinen eigenen Rhythmus. Für unsere mentale und körperliche Gesundheit und für ein langes Leben ist es unerlässlich, dass wir diesen Rhythmus beibehalten. Es sind unsere Gedanken und Handlungen, die den Rhythmus und die Melodie des Lebens bestimmen. Geht der Rhythmus unserer Gedanken verloren, wird sich dies bald in unseren Handlungen widerspiegeln. Früher oder später wird dies den Rhythmus der Natur beeinträchtigen. Die Hauptursache für Naturkatastrophen wie Tsunamis, Erdrutsche und Erdbeben ist die gestörte Harmonie der Natur.

Einst verkleidete sich ein König und ging auf die Jagd. Während der Jagd wurde er vom Rest seiner Gruppe getrennt und verirrte sich im Wald. Müde und hungrig erreichte er schließlich eine Hütte - das Haus einer Stammesfamilie. Sie erkannten den König nicht. Sie brachten ihm einige Früchte und Beeren. Als der König in eine Frucht biss, rief er aus: „Oh, wie bitter ist diese Frucht!"

„Ja, das ist sehr bedauerlich", stimmte die Stammesfamilie zu. „Unser König ist äußerst egoistisch, selbstgefällig und ausschweifend. In seiner Grausamkeit zwingt er uns, überhöhte Steuern zu zahlen. Diejenigen, die nicht zahlen können, werden hingerichtet. Durch seine unheilvollen Taten werden selbst die von Natur aus süßen Früchte bitter."

Als der König später in der Nacht in seinen Palast zurückkehrte, konnte er den Vorfall im Wald nicht vergessen. Er dachte daran, wie sehr sein Volk seinetwegen litt, und war von Reue erfüllt. Er beschloss, den Rest seines Lebens dem aufrichtigen Dienst an seinem Volk zu widmen. Schon bald wurden die Steuern gesenkt und viele wohltätige und humanitäre Aktivitäten ins Leben gerufen.

Nach ein paar Jahren verkleidete er sich und besuchte die alte Hütte im Wald. Die

Stammesfamilie brachte ihm wieder Früchte. Diesmal war jede einzelne Frucht süß. Er fragte die Familie nach dem Grund für diese Veränderung. „Unser Herrscher ist jetzt ein anderer Mensch", antworteten sie. „Er regiert das Königreich jetzt sehr gut. Die Menschen sind alle glücklich und zufrieden. Durch seine guten Taten hat sich auch die Natur stark verändert. Deshalb sind die Früchte so süß."

Was ist die Moral dieser Geschichte? Die Handlungen des Menschen wirken sich auf die Natur aus. Sind die Handlungen adharmisch, geht das Gleichgewicht der Natur verloren. Sind seine Handlungen dharmisch, spiegelt sich das auch in der Natur wider. Die Harmonie der Natur wird wiederhergestellt.

Heute wird die Natur von vielen Menschen exzessiv ausgebeutet. Dadurch verliert sie ihren Rhythmus. Naturkatastrophen werden immer häufiger. Selbst kleine Familien wollen in großen Häusern leben. Zwei Personen brauchen nur zwei Zimmer in einem Haus und können höchstens zwei oder drei zusätzliche Zimmer nutzen. Aber viele Menschen bauen Häuser mit

10 oder 15 Zimmern. Dafür ebnen sie Hügel, sprengen Berge und bohren Brunnen. Sie denken kaum darüber nach, wie sie die Natur für ihre egoistischen Bedürfnisse ausnutzen.

Sind wir ein wenig achtsam, können wir diese übermäßige Ausbeutung unserer natürlichen Ressourcen stoppen. Millionen Menschen in unserem Land fahren allein mit dem Auto zur Arbeit. Bilden fünf dieser Menschen eine Fahrgemeinschaft, werden statt tausend nur 200 Fahrzeuge benötigt. Seht, wie viel wir dadurch gewinnen können! Der Verkehr kann drastisch reduziert werden. Es wird weniger Unfälle geben. Die Umweltverschmutzung wird abnehmen. Wir können sowohl beim Kraftstoffverbrauch als auch bei den Kraftstoffkosten sparen. Außerdem bedeutet weniger Verkehr, dass man weniger Zeit für das Pendeln braucht.

Die sinnlosen Handlungen der Menschen von heute erinnern uns an den törichten Holzfäller, der den Ast absägte, auf dem er saß. Es ist wichtig, dass sich unsere Einstellung ändert. Der Naturschutz ist nicht die Pflicht des Menschen gegenüber der Natur, sondern die Pflicht des Menschen gegenüber sich selbst. Das Überleben der Menschheit hängt von der Natur ab. Leben Mensch und Natur in Harmonie miteinander, wird das Leben friedvoll. Sind Rhythmus und Harmonie in Einklang, ist die daraus resultierende Musik wohlklingend und angenehm für das Ohr. Lebt der Mensch in Harmonie mit der Natur, wird sein Leben so süß wie eine schöne Melodie.

Alle „unerwarteten Gäste" willkommen heißen

Kinder, unsere Kultur lehrt uns, Ātithis [unerwartete Gäste] als gleichwertig mit Gott zu betrachten. Aber mit dem Wort „unerwarteter Gast" sind nicht nur Menschen gemeint, sondern auch jeder unerwartete Moment. Deshalb müssen wir bereit sein, jeden Umstand des Lebens, als ehrenwerten Gast zu sehen und ihn freudig zu empfangen.

Bei einem Schachspiel können wir nicht gewinnen, bewegen wir die Figuren immer weiter vorwärts. Unter bestimmten Umständen sollte man vielleicht bestimmte Figuren taktvoll zurückziehen. Scheitern wir, sollten wir die Lehren aus dieser Erfahrung ausschließen und unser neu gewonnenes Wissen nutzen, um weiterzukommen.

Wir müssen darauf achten, dass sich das Versagen nicht ins Umfeld ausbreitet. Wir dürfen nicht zulassen, dass unsere mentale Stärke und unser Selbstvertrauen schwinden.

Wir sollten auch niemals unsere Gutherzigkeit und Hilfsbereitschaft aufgeben.

Einmal wurden Vorstellungsgespräche auf dem Campus eines Management-Instituts durchgeführt. Nach den Gesprächen kehrten die Studierenden in ihre Zimmer zurück. Ein paar von ihnen waren erfolgreich. Sie waren sehr glücklich. Die anderen waren traurig. Einer der nicht ausgewählten Studierenden blieb in der Interviewhalle sitzen. Eine leichte Brise wehte da, die er genoss. Die Stühle waren nun kreuz und quer im Raum verteilt. Er bemerkte das und beschloss, sie alle wieder in Reihen aufzustellen.

Während er dies tat, bemerkte er, dass ihn jemand von der Tür aus beobachtete. Es war einer der Interviewer. Das Verhalten dieses Jugendlichen zog seine Aufmerksamkeit an. Anstatt traurig über sein Versagen zu sein, bewahrte er seinen Sinn für soziale Verantwortung. Als der Interviewer dies sah, empfand er Respekt für ihn. Er rief den jungen Mann an seinen Tisch und gab ihm einen gut bezahlten Job.

Es war das ausgeprägte soziale Verantwortungsbewusstsein und die mentale Stärke des jungen Mannes, die ihm die Stelle einbrachte. Er machte sich nicht zu viele Gedanken darüber, dass er nicht ausgewählt wurde. Stattdessen dachte er daran, was er in diesem Moment tun konnte. Obwohl es nicht seine Aufgabe war, den Flur zu putzen, dachte er nicht: „Das ist nicht meine Aufgabe, das soll ein anderer machen", sondern führte sie hervorragend aus. Diese großherzige Einstellung brachte ihm den Erfolg.

Nicht alle, die wie dieser Jugendliche handeln, werden am Ende erfolgreich sein. Aber es ist das unumstößliche Gesetz des Universums, dass diejenigen, die gute Taten vollbringen, auf jeden Fall belohnt werden - wenn nicht heute, dann morgen.

Ein Licht in dieser Dunkelheit

Kinder, der Zustand der Welt ist sehr traurig. Auf der einen Seite gibt es Terrorismus und Terroranschläge ohne Ende. Auf der anderen Seite kommt es wegen des Egoismus und der Gier der Menschen immer häufiger zu Naturkatastrophen. Doch selbst unter diesen Umständen können wir hier und da Lichtblicke sehen. Es gibt Menschen, die sich sehr bemühen, denen zu helfen, die hungrig sind und leiden. Diese Menschen sind unsere Vorbilder, denn ihre von Mitgefühl erfüllten Herzen wecken die Hoffnung auf eine bessere Zukunft.

Amma erinnert sich an einen Vorfall, der sich vor Jahren während einer Auslandsreise ereignete. Während des Darshans gab ein 13-jähriger Junge Amma einen kleinen Umschlag. Als Amma ihn umarmte, fragte Amma ihn: „Was ist das?"

Der Junge sagte: „300 Euro."

„Woher hast du die, mein Sohn?"

„Ich habe an einem Querflötenwettbewerb teilgenommen und den ersten Preis bekommen. Das ist das Preisgeld. Amma kümmert sich um viele Waisenkinder und das wird ihnen sicher helfen."

Als Amma seine Worte hörte und sein unschuldiges Herz sah, traten ihr Tränen in den Augen. Amma sagte: „Sohn, deine Großherzigkeit hat Ammas Herz heute berührt. Menschen wie du sind Ammas wahrer Reichtum."

Aber die Geschichte ist damit noch nicht zu Ende. Die jüngere Schwester des Jungen wurde sehr traurig. Sie wollte auch etwas für die armen Menschen tun, genau wie ihr Bruder. Zwei Wochen später kamen diese Kinder wieder zu Amma. Als sie zum Darshan kamen, gab die kleine Schwester Amma einen Umschlag. Amma fragte: „Tochter, was ist in diesem Umschlag?"

Ihre Mutter antwortete: „Sie hatte vor einer Woche Geburtstag. Als der Großvater ihr 10 Euro schenkte, hatte sie einen großen Wunsch: Sie wollte das Geld Amma geben, um Schokolade für die Waisenkinder zu kaufen."

Als Amma das hörte, umarmte sie dieses schöne Kind und küsste es.

Amma fragte sie: „Möchte meine Tochter kein Eis und keine Schokolade essen?"

Das Mädchen schüttelte den Kopf: „Nein."

„Warum nicht?", fragte Amma.

Das Mädchen sagte: „Ich kann das immer essen. Aber gibt es nicht viele Kinder, die kein Geld haben, um diese Dinge zu kaufen? Amma muss dieses Geld nehmen und ihnen Schokolade kaufen."

Ihr Bruder war durch sein mitfühlendes Handeln zu einem Vorbild für dieses junge Mädchen geworden. Mögen diese von Mitgefühl erfüllten kleinen Herzen zu Vorbildern für uns alle werden.

Der Wandel muss in den Menschen selbst beginnen. Wenn sich der Einzelne verändert, werden sich auch die Familien verändern. Dann entwickelt sich die Gesellschaft weiter. Zuerst müssen wir also versuchen, uns selbst zu ändern. Wir müssen durch all unsere Handlungen zu Vorbildern für andere sein.

Spirituelle Praxis und vedische Wissenschaft

Samādhi

Kinder, die einfachste und wissenschaft-
lichste Methode, dem Mind dabei zu helfen,
sich auf einen Punkt zu konzentrieren, ist die
Meditation. Ist die Meditation vollständig auf
einen Punkt ausgerichtet, wird sie als Samādhi
bezeichnet.

Der Mind ist ein ständiger Fluss von Gedanken.
Samādhi ist der Zustand, in dem alle Gedanken
verschwinden, alle Wünsche zurückgehalten
werden und der Mind vollkommen still wird.
In Samādhi verschmilzt der Mind mit dem
reinen Bewusstsein, seiner Quelle - in reines
Bewusstsein. Diese Erfahrung ist höchster
Frieden, höchste Glückseligkeit.

Einmal sagte die Göttin Pārvatī zu Lord
Śhiva: „Ich bin einsam, wenn du durch die
Welt wanderst und um Almosen bettelst. Da

du ständig in Samādhi verweilst, empfindest du vielleicht keine Traurigkeit, wenn wir getrennt sind. Aber ich bin nicht so. Ich kann diese Trennung von dir nicht ertragen. Deshalb bitte ich dich, mich zu lehren, was Samādhi ist. Dann muss ich dich nicht mehr vermissen und darunter leiden."

Lord Śhiva bat Pārvatī Dēvī, im Lotussitz zu sitzen, ihre Augen zu schließen und ihren Mind nach innen zu wenden. Dēvī versank in Meditation. Lord Śhiva fragte dann: „Was siehst du jetzt?"

Dēvī antwortete: „Ich sehe deine Form vor dem geistigen Auge."

„Gehe über diese Form hinaus. Was siehst du jetzt?"

„Eine göttliche Erscheinung."

„Gehe sogar darüber hinaus. Und jetzt?"

„Ich nehme nur noch Klang wahr."

„Gehe darüber hinaus. Was ist jetzt deine Erfahrung?"

Es gab keine Antwort. Dēvīs Individualität war völlig verschwunden. Sie war verschwunden. Dēvī war vollständig mit Lord Śhiva vereinigt.

Es gab kein Individuum mehr, das antworten konnte. Dēvī hatte eine ewige, unteilbare Einheit mit ihrem Herrn erreicht. Sie befand sich im Reich der reinen Liebe, in das der Mind, mit seinen Worten, Ideen und Gedanken nicht eindringen kann.

Es gibt verschiedene Arten von Samādhi. Die Verschmelzung des Mindes kann man für eine kurze Zeitspanne während tiefer Meditation erfahren. Während dieser Meditationen wird man Frieden und Glückseligkeit erfahren. Aber dieser Zustand ist nicht von Dauer. Wenn die Meditation endet, werden die Gedanken wieder aufsteigen. Ein selbstverwirklichter Meister hingegen erlebt ständig Samādhi, selbst wenn er in der Welt unterwegs ist. Dies wird Sahaja Samādhi genannt.

In Sahaja Samādhi gibt es nur Glückseligkeit. Es gibt weder Leid noch Glück. Es gibt kein „Ich" oder „Du". Der Mind befindet sich in einem immerwährenden Zustand der Selbstverwirklichung. Sahaja Samādhi ist jenseits von Zeit und Raum und besteht unter allen Gegebenheiten weiter, ganz gleich was man gerade tut. Selbst im Schlaf ändert sich dieser Zustand nicht. Man existiert immer als reines Bewusstsein. Aus der Sicht der anderen sind sie aber weiterhin in dieser Welt, in der Dualität. In Wahrheit aber erfreuen sie sich ständig an ihrem eigenen reinen Bewusstsein, dem höchsten Bewusstsein - dem Selbst. Solche Menschen sind die Verkörperung des höchsten Bewusstseins. In ihrer Gegenwart werden auch andere Glückseligkeit, Freude und Trost erfahren.

Yōga im Vergleich zu körperlicher Betätigung

Kinder, Yōga ist ein Weg, die unendliche Kraft in uns durch die richtige Integration von Mind, Körper und Intellekt zu erwecken und letztlich unser eigenes volles Potenzial zu verwirklichen. Yōga ist auch hilfreich, um unsere Geduld, Gesundheit, mentales Glück und unser Wertebewusstsein zu verbessern. Aufgrund der Zunahme von psychischen Problemen und durch den Lebensstil bedingte Krankheiten erfreut sich Yōga weltweit wachsender Beliebtheit. Jeder indische Bürger kann stolz darauf sein, dass Yōga eine Wissenschaft ist, die in unserem Land geboren und entwickelt wurde.

Viele Menschen wollen wissen, welche besonderen Vorteile Yōga im Vergleich zu anderen Übungsformen bietet. Jede Art von Übung ist hilfreich für die Wiederherstellung der körperlichen und mentalen Gesundheit, aber Yōga ist gewöhnlichen Übungen überlegen. Gewöhnliche Übungen senken den Fettgehalt des Körpers und steigern die Muskelkraft durch schnelle körperliche Bewegungen. Yōga konzentriert sich mehr darauf, allen Teilen des Körpers Ruhe zu gönnen und die Lebensenergie richtig zu lenken. Dies hilft, dass alle inneren Organe und Drüsen richtig funktionieren und dies trägt zur Heilung von Krankheiten bei. Die Nerven werden entlastet. Es steigert die mentale Stärke und hilft uns, uns auf einen Punkt zu konzentrieren. Die Muskeln werden flexibel und stark. Im Vergleich zu anderen Übungen vermindert Yōga Depressionen und sorgt für einen glücklichen Zustand des Mindes.

Auch die Yōgapositionen unterscheiden sich von anderen Übungen. Sie werden bewusst ausgeführt, wobei man sich sorgfältig auf den Atem konzentriert und jede Bewegung des Körpers beobachtet. Dadurch wird der Mind friedlich und erfährt einen meditationsähnlichen Zustand. So hilft Yōga dem Körper und dem Mind gleichermaßen.

Um einen Menschen mit chronischen Krankheiten zu heilen, braucht man neben Medikamenten auch eine angemessene Ernährung und Ruhe. Damit Yōga ganzheitlich und perfekt sein kann, sollte es Teil eines disziplinierten und wertebasierten Lebensstils sein. Führt man Yōga mit voller Achtsamkeit aus, wird es allmählich möglich, jede Handlung bewusst auszuführen. Dies verbessert Gedanken und Gefühle. Indem wir in der Meditation und bei anderen Handlungen Konzentration auf einen Punkt erlangen, werden wir allmählich in der Lage sein, unser Wahres Selbst zu erkennen.

Yōga unterstützt Einheit in der Vielfalt zu sehen und die Gewaltlosigkeit gegenüber allen Lebewesen zu empfinden. So kann die Popularität von Yōga dazu beitragen, dass Liebe und Freundschaft in der Gesellschaft wachsen und den Weltfrieden fördern.

Astrologie und Glaube an Gott

Kinder, viele Menschen sind abhängig von Astrologie aus lauter Angst und Sorge um die Zukunft. Es gibt keinen Grund, dass Menschen in Panik geraten und sich Sorgen machen über Themen wie Heirat, Geschäft, Arbeit, Beförderung und so weiter. Die günstigen und ungünstigen Situationen, mit denen wir in diesem Leben konfrontiert werden, sind in erster Linie auf Handlungen zurückzuführen, die wir in früheren Leben ausführten. Die Astrologie kann uns zwar Hinweise auf unser Schicksal geben und verschiedene Mittel empfehlen, um unsere negativen Erfahrungen abzumildern, aber sie kann sie nicht völlig verhindern. Deshalb ist es wichtig, dass wir unseren Mind dazu bringen, Probleme mit Gleichmut zu begegnen.

Einmal schenkte ein Mahātmā einem König zwei Statuen und sagte: „Sei sehr vorsichtig mit diesen Statuen. Wenn sie zerbrechen, kommt großes Unheil über das Königreich. Es kann zu Krieg, Hungersnot oder Überschwemmungen kommen." Der König vertraute die Statuen einem Diener an, der sie sehr sorgfältig an einem besonderen Ort aufbewahrte.

Eines Tages ging eine der Statuen zu Bruch. Der Diener informierte sofort den König, der wütend wurde und ihn einsperrte.

Einige Tage später griff ein benachbarter König das Königreich mit einer großen Armee an. Der König beschuldigte den Diener und befahl, ihn zu hängen. Als der Diener gefragt wurde, ob er einen letzten Wunsch habe, sagte er: „Bevor ich sterbe, möchte ich die zweite Statue zerschlagen."

Als der König dies hörte, fragte er ihn: „Warum sagst du das?"

Der Diener sagte: „Ihr lasst mich hinrichten, weil die erste Statue zerbrochen ist. Eine weitere unschuldige Person soll nicht wegen der anderen Statue sterben. Der Mahātmā, der dir diese Figuren geschenkt hat, hat gesagt, dass schlimme Dinge passieren werden, falls die Figuren zerbrechen. Er hat nicht gesagt, dass schlimme Dinge passieren werden, weil die Statuen zerbrochen sind. Das Zerbrechen der Figuren deutete nur darauf hin, dass ein Krieg bevorstand. Sobald du diesen Hinweis erhalten hast, hättest du dich sofort auf den Kampf gegen die Armee des feindlichen Königs vorbereiten können."

Als der König dies hörte, erkannte er seinen Fehler und ließ den Diener frei.

Astrologie und Omen weisen lediglich auf die Schwierigkeiten oder das Glück hin, die in unserem Leben auftreten können. Es hat keinen Sinn, die Planeten oder Gott für unsere Schwierigkeiten und Probleme verantwortlich zu machen. Wir sollten achtsam bleiben und sicherstellen, dass all unsere gegenwärtigen Handlungen gut sind. Tun wir das, dann wird auch unsere Zukunft gut sein.

Selbst Atheisten und Skeptiker haben großes Vertrauen in Astrologen und Wahrsager! Ein guter, intuitiver Astrologe kann vielleicht über die Vergangenheit erzählen und ziemlich genaue Vorhersagen über die Zukunft machen. Wichtiger als die Gelehrsamkeit eines Astrologen ist seine Fähigkeit, seinen Mind auf die höheren Sphären einzustimmen. Letztlich ist es die göttliche Gnade, die er nutzt, die seinen Vorhersagen Genauigkeit verleiht.

Letztlich kann nur Gottes Gnade eine Situation oder eine Erfahrung ändern, die wir karmisch bedingt durchleben müssen. Es ist auch wichtig sich daran zu erinnern, dass keine karmische Situation vollständig abgewendet werden kann. Unabhängig davon haben unsere Gebete, Meditation und spirituelle Praxis sicherlich einen positiven Einfluss.

Viele Menschen glauben, es sei hilfreich von Priestern Pūjās und Hōmas durchführen zu lassen. Solche Rituale sind zwar wirkungsvoll, aber die aufrichtigen und hingebungsvollen Bemühungen, die wir in unsere eigene spirituelle Praxis stecken, sind wichtiger.

Die Astrologie ist Teil der vedischen Kultur. Sie ist eine Wissenschaft - eine reine und subtile mathematische Berechnung, die auf den Beziehungen zwischen den Bewegungen des Sonnensystems, der Natur und dem menschlichen Mind beruht. Wie alle anderen alten Schriften entstand auch das astrologische Wissen in den Herzen der Ṛiṣhis während ihrer tiefen Meditation, in dem ihr Mind eins war mit dem Universum und seinen reinen und bedingungslosen Schwingungen. Wir müssen verstehen, dass unser Glaube weder dem Astrologen noch seinen Vorhersagen gelten soll, sondern der höchsten regierenden Kraft dieses Universums - Gott. Unsere unintelligenten und unbedachten Handlungen der Vergangenheit sollen wir durch intelligente und bedachte Handlungen der Gegenwart ausgleichen. Tun wir das, ist die Zukunft unser Freund.

Viel hilfreicher als der Versuch, Situationen zu ändern, ist der Versuch, unsere Wahrnehmung zu ändern. Widrige Umstände und Nöte sind oft unvermeidlich. Wir sollten unser Bestes geben, um auf dem richtigen Weg zu bleiben und dharmisch handeln und denken. Machen wir trotz unserer aufrichtigen Versuche immer noch negative Erfahrungen, dann sollten wir sie als göttlichen Willen akzeptieren. Nur dann wird es Frieden und Gelassenheit in unserem Leben geben.

Werte

Vermeide Voreingenommenheit

Kinder, wir nehmen einige Menschen als „gut" und andere als „wertlos" wahr. Nach einer Weile ändern wir unsere Meinung. Diejenigen, die wir vorher als „gut" bezeichnet haben, bezeichnen wir jetzt als „schlecht" und andersherum. Unsere Meinungen und Sichtweisen sind also ständig im Wandel. Warum? Der Hauptgrund ist, dass uns das richtige Wissen fehlt. Wir haben die Angewohnheit, alles mit vorgefassten Meinungen zu beurteilen.

Betrachten wir etwas durch die Brille unserer vorgefassten Meinungen, dann werden wir daran scheitern, es richtig zu verstehen. Wir sollten alles an seinem rechten Platz sehen und lernen, die Dinge mit einem offenen Mind zu betrachten. Nur dann können wir eine Situation richtig beurteilen.

Diese Welt, ihre Objekte und Personen sind einem ständigen Wandel unterworfen.

Der Mensch, den wir gestern sahen, ist ein anderer als den wir heute sehen. Ein Schneider nimmt immer wieder neu Maß, auch bei Stammkunden. Er denkt nie: „Oh, ich habe ihn schon beim letzten Mal vermessen, als er hier war. Das muss ich nicht noch einmal machen." Er weiß, dass sich die Körpermaße des Kunden sowie seine Vorlieben und Abneigungen ändern können. Wir sollten eine ähnliche Einstellung haben, wenn wir mit anderen zusammenarbeiten. Das Verhalten eines Menschen und seine Einstellung uns gegenüber können sich jederzeit ändern. Der Feind von heute kann leicht der Freund von morgen werden. Sowie der Freund von heute der Feind von morgen sein kann. Wir sollten anderen immer mit einem offenen Mind begegnen, ohne vorgefasste Meinungen.

Manche Menschen glauben, dass sie mit vorgefassten Meinungen zukünftige Schwierigkeiten vermeiden können. Es braucht hierfür aber keine Vorurteile, sondern Achtsamkeit. Vorurteile sind negativ, Achtsamkeit ist positiv. Handeln aus vorgefassten Meinungen heraus, verlieren wir die Möglichkeit, neue Dinge zu lernen. Aber wenn wir achtsam bleiben, werden viele neue Ideen und Perspektiven sichtbar.

Einmal verschwand die Brieftasche eines Mannes mit einem großen Geldbetrag darin. Er hatte sie noch kurz zuvor in seinem Zimmer gesehen. Der Mann, seine Frau und seine Kinder durchsuchten das Haus von oben bis unten, konnten sie aber nicht finden. Da meldete sich plötzlich der siebenjährige Sohn zu Wort: „Der Junge von nebenan war vor kurzem hier." Plötzlich wurde die ganze Familie misstrauisch gegenüber dem Nachbarsjungen, den sie bisher nur mit Liebe betrachtet hatten. „Habt ihr nicht seinen verschlagenen Blick bemerkt?", sagten sie zueinander. Es besteht kein Zweifel, dass er sie genommen hat." Sie begannen zu glauben, dass er wie ein Dieb aussah und sich auch so verhielt. Ihre Liebe und ihr Vertrauen in ihn verschwanden schnell. Sie begannen nun auch, die anderen Mitglieder der Familie des Jungen mit Misstrauen zu betrachten. Allmählich verloren sie ihren inneren Frieden.

Etwa eine Woche später reinigte die Frau das Haus gründlich. Plötzlich entdeckte sie die verlorene Brieftasche unter einem Sofakissen. Ihre Haltung gegenüber dem Nachbarsjungen änderte sich sofort. Er wurde wieder zu dem süßen, unschuldigen Jungen von früher. Betrachten wir etwas mit Vorurteilen, fällt unser Mind ein vorschnelles Urteil. Danach wird alles im Licht dieses Vorurteils betrachtet. Oft liegen wir dabei falsch. Deshalb sollten wir zunächst die Situation aufmerksam und differenziert betrachten. Das ist der richtige Weg.

Projizieren wir unsere eigenen Vorlieben und Abneigungen auf andere, entstehen oft Vorurteile. Das hilft uns nicht, die Wahrheit zu sehen, sondern macht uns eher blind. Vorurteile sorgen dafür, dass wir die Welt durch ihre getönte Linse sehen. Je nach Farbe des Filters beginnen wir, die Welt als „blau", „schwarz" oder „grün" usw. zu betrachten. Es wird dadurch unmöglich, die wahre Natur der Welt um uns herum richtig zu erkennen. Wir sollten die Welt, unsere Gegebenheiten, unsere Erfahrungen und uns selbst mit Aufmerksamkeit und Reife verstehen und bewerten, nicht mit vorgefassten Meinungen. Das kann nur durch Spiritualität erreicht werden.

Das Bewusstsein erwecken

Kinder, wir haben heutzutage Wissen, aber kein Bewusstsein. Wir haben einen Intellekt, aber kein Unterscheidungsvermögen. Unsere Gedanken, Worte und Handlungen sollten aus richtigem Wissen und klarem Bewusstsein entstehen. Ansonsten werden wir unsere gesteckten Ziele nicht erreichen. Wird ein Wagen von Pferden gezogen, die in entgegengesetzte Richtungen gehen, kommt er nirgendwo an. Ziehen jedoch beide Pferde den Wagen in dieselbe Richtung, wird er das Ziel sehr schnell erreichen. Genauso kommen wir im Leben nur dann schnell voran, wenn unsere Gedanken, Worte und Taten in Übereinstimmung sind.

Solange unser Bewusstsein nicht geweckt ist, sind wir nicht in der Lage, selbst die glücklichen Umstände in unserem Leben richtig zu nutzen. Wir handeln ohne nachzudenken und werden in einer Katastrophe enden.

Einst kaufte ein Geschäftsmann eine Fabrik, die kurz vor der Schließung stand. Um die

Fabrik erfolgreich zu machen, musste er alle faulen und diebischen Arbeiter entlassen und sie durch fähige, aufrichtige und ehrliche Arbeiter ersetzen. Er begann, alle Arbeiter der Fabrik genauestens zu beobachten. Bei seinem ersten Besuch sah er einen Arbeiter, der an einer Wand lehnte und schlief. Neben ihm saß eine Gruppe von Arbeitern, die ihrer Arbeit nachgingen. Der Geschäftsmann beschloss, allen eine Lektion zu erteilen, weckte den schlafenden Mann und fragte: „Wie hoch ist ihr Monatslohn?"

Der Mann öffnete die Augen und sagte mit einem überraschten Blick: „6.000 Rupien".

Der Fabrikant öffnete seinen Geldbeutel, nahm eine Handvoll Geld heraus, gab es dem Mann und sagte: „Wird ein Arbeiter entlassen, erhält er normalerweise zwei Monatsgehälter. Ich gebe dir vier Monatsgehälter. Hier sind 24.000 Rupien. Von nun an will ich dich hier nicht mehr sehen."

Nachdem der Mann gegangen war, fragte der Unternehmer die anderen Arbeiter: „In welcher Abteilung hat er gearbeitet?"

Einer von ihnen antwortete: „Er arbeitet nicht hier, Sir. Er brachte jemandem das Mittagessen und wartete darauf, die Behälter abzuholen."

In dieser Geschichte war der Unternehmer zwar sehr intelligent, aber er handelte nicht bewusst. Deshalb wurde er zum Objekt des Spottes.

Damit eine Handlung mit vollem Bewusstsein ausgeführt werden kann, müssen fünf Faktoren zusammenkommen. Erstens das Wissen über die eigene Arbeit. Zweitens, die Fähigkeit, zwischen richtig und falsch zu unterscheiden und alle möglichen Folgen zu sehen. Drittens, ein ruhiger und friedlicher Mind. Viertens, volle Konzentration. Fünftens: die Fähigkeit, sich innerlich zu distanzieren, zurückzutreten und uns selbst und unser Handeln objektiv zu betrachten. Kommen diese fünf Faktoren zusammen, können wir jede Arbeit nach bestem Wissen und Gewissen erledigen. Mögen unsere Bemühungen darauf ausgerichtet sein.

Schlechte Angewohnheiten

Kinder, eines der gefährlichsten Dinge, die uns passieren kann, ist, dass wir schlechte Gewohnheiten annehmen. Ist das einmal geschehen, kann man sich schwer davon befreien. Wir müssen also immer achtsam bleiben.

Lassen wir uns immer wieder auf negative Gedanken und Handlungen ein, werden sie zu Gewohnheiten. Ohne dass wir es merken, fressen diese Gewohnheiten dann unser ganzes Leben auf.

Einmal ging ein Mann zum Augenarzt, weil er gereizte Augen hatte. Nachdem der Arzt ihn untersucht hatte, sagte er: „Es gibt keinen Grund zur Sorge. Spülen sie ihre Augen einfach zweimal am Tag mit Brandy aus. Innerhalb einer Woche werden die Beschwerden verschwunden sein." In der nächsten Woche ging der Patient erneut zum Arzt. Nachdem er ihn untersucht hatte, sagte der Arzt: „Es gibt keine Besserung! Was ist passiert? Haben sie meine Anweisungen nicht befolgt?" Der Patient sagte: „Ich habe es versucht, aber es war unmöglich, meine Hand an meinem Mund vorbeizubringen."

Nehmen wir Gewohnheiten an, werden wir zu Sklaven dieser Gewohnheiten. Ihre Macht über uns ist so groß.

Heutzutage befinden wir uns in einer Art Schlafzustand. Deshalb haben wir kein Bewusstsein in Bezug auf unsere Worte und Handlungen. Es reicht nicht aus, Wissen zu haben; unser Bewusstsein muss geweckt werden. Nur dann können wir den vollen Nutzen aus unserem Wissen ziehen. Jeder, der raucht, weiß, dass Rauchen gesundheitsschädlich ist. Erst wenn man bei jemanden Krebs diagnostiziert, wird ihm bewusst, wie schlimm diese Gewohnheit ist. Dann wird er, auch wenn er den Drang danach hat, keine Zigarette mehr rauchen.

Viele Menschen mit schlechten Gewohnheiten sagen mir: „Diese Gewohnheit hat sich über Jahre hinweg gebildet. Es ist sehr schwer, sie einfach so aufzugeben. Ich werde also versuchen, sie nach und nach aufzugeben." Das liegt daran, dass sie nicht erkennen, wie gefährlich ihre schlechte Angewohnheit für die körperliche und mentale Gesundheit ist. Stellt euch vor, dass ein Haus Feuer gefangen hat, während der Besitzer schlief. Er wacht auf und sieht, dass das Feuer ihn vollständig umgibt. Er wird nur daran denken zu fliehen. Er wird sich nicht viel Zeit lassen. Erst wenn wir wirklich verstehen, dass schlechte Angewohnheiten uns schaden, legen wir sie auch sofort ab.

Das erste, was wir brauchen, um uns von unseren schlechten Gewohnheiten zu befreien, ist Entschlossenheit. Das zweite ist, verlockende Situationen zu vermeiden. Es ist wichtig, sich von Freunden fernzuhalten, die uns zu etwas verleiten. Zögert nicht, einen Arzt oder einen Berater aufzusuchen, wenn ihr Hilfe braucht. Wenn ihr aufmerksam seid und euch ständig bemüht, könnt ihr jede schlechte Angewohnheit überwinden.

Hingabe ist ein Ziel an sich

Kinder, der allgemeine Glaube ist, dass Gott als Mensch inkarniert, um Dharma zu schützen und zu bewahren und Adharma zu vernichten. Es gibt noch einen weiteren Grund: um in den Herzen der Menschen Liebe zu Ihm zu erwecken. Aus diesem Grund sagen viele Weise, dass es neben den vier Zielen des menschlichen Lebens - Rechtschaffenheit, finanzielle Sicherheit, Verlangen und Befreiung - ein fünftes Ziel gibt: Hingabe.

Ein wahrer Devotee fragt nicht nach Befreiung. Er hat nur ein Ziel: „Möge ich mich immer an Gott erinnern und ihm dienen." Er wünscht sich nichts anderes. Für den wahren Devotee ist die Hingabe das Ziel an sich. Mit Hingabe, die Hingabe zu erlangen, damit hört das Individuum auf zu existieren. So wird die völlige Hingabe erreicht. Selbst dann bleibt im Herzen des Devotees der Wunsch, die Liebe zu Gott zu erfahren. Indem er sich ständig an der Glückseligkeit der Hingabe erfreut, wird der Devotee selbst zu einer Verkörperung der Glückseligkeit.

Einmal sagte Uddhava zu Śhrī Kṛiṣhṇa: „Ich habe gehört, dass du von allen Devotees die Gopikās am meisten liebst. Es gibt viele andere Devotees, die Tränen in den Augen haben, sobald sie deinen Namen hören. Sie gehen in Samādhi, wenn sie deine göttliche Flöte hören. Sehen sie, selbst in der Ferne, den blauen Farbton deines göttlichen Körpers, sind sie überwältigt und fallen in Ohnmacht. Was ist dann so großartig an der Hingabe der Gopikās?"

Als Śhrī Kṛiṣhṇa dies hörte, lächelte er und sagte: „Alle meine Devotees sind mir lieb. Aber die Gopikās haben etwas ganz Besonderes und Einzigartiges. Andere Devotees vergießen Tränen, hören sie meinen Namen. Aber die Gopikās hören alle Namen als meinen Namen. Für sie sind alle Klänge Töne der göttlichen Flöte. Jede Farbe erscheint in ihren Augen als blau. Die Gopikās sind in der Lage, die Einheit in der Vielfalt zu sehen. Deshalb sind sie mir die Liebsten."

Eine Frau, die ihren Mann wie ihr eigenes Leben liebt, denkt an ihren geliebten Mann, wenn sie zur Feder greift, um ihm zu schreiben. Ihr Mind ist allein von Erinnerungen erfüllt, während sie die Feder mit Tinte füllt und das Schreibpapier auswählt. Genauso sind die Gedanken eines wahren Devotees ständig bei Gott, wenn er sich auf die Verehrung vorbereitet, wenn er die Gefäße, Räucherstäbchen, Kampfer und Blumen bereitstellt. In diesem höchsten, edlen Moment der Hingabe sieht er den Schöpfer in der ganzen Schöpfung. Allein aus diesem Grund konnten die Gopikās nichts sehen, was sich von ihrem Kṛiṣhṇa unterscheidet.

Mögen die Erinnerungen an Lord Kṛiṣhṇa und die Gopikās - die in Vṛindāvan selig tanzten und in ihrer Freude alles andere vergaßen - unsere Herzen mit Hingabe, Freude und Glückseligkeit erfüllen.

Handeln und Denken

Kinder, es gibt zwei Arten von Menschen auf dieser Welt - solche, die handeln, ohne zu denken, und solche, die denken, ohne zu handeln. Die erste Gruppe gerät in große Schwierigkeiten, weil sie handelt, ohne zu denken - oder zumindest nicht richtig denkt. Sie helfen niemandem, oft schaden sie auch noch den anderen Menschen. Die zweite Gruppe nutzt das Unterscheidungsvermögen und weiß, was richtig und was falsch ist. Sie handeln jedoch nicht danach, sondern belehren andere. Das ist so, als ob ein Kranker jemanden bittet, die Medizin an seiner Stelle zu nehmen. Wir nehmen uns oft vor, tugendhaft zu handeln, aber dann erfinden wir viele Ausreden, um unseren Plan zu verwerfen.

Einst gab es einen alten Tempel. Jede Woche ging eine Gruppe von Devotees dorthin, um zu meditieren und zu beten. Als ein Affe dies beobachtete, dachte er: „All diese Devotees erhalten die Gnade Gottes, indem sie enthaltsam leben und beten. Warum kann ich nicht auch etwas fasten und meditieren?" Am nächsten Gebetstag setzte sich der Affe unter einen Baum und begann zu meditieren. Sogleich dachte er: „Ich habe noch nie gefastet. Wenn der Fastentag zu Ende ist, bin ich vielleicht zu müde, um noch zu laufen. Ich könnte sterben! Wenn ich mich unter einen Obstbaum setze, muss ich nach dem Fasten nicht weit gehen, um Essen zu finden."

Mit diesen Gedanken stand der Affe auf und setzte sich unter einen Obstbaum. Dann begann er zu meditieren. Nach einer Weile dachte er: „Was ist, wenn ich nach so langem Fasten keine Energie mehr habe, um auf den Baum zu klettern und die Früchte zu holen?" Also kletterte er auf einen Ast, an dem viele Früchte hingen, und setzte sich dort hin, um zu meditieren. Dann dachte er: „Was ist, wenn meine Arme zu schwach sind, um die Früchte nach dem Fasten zu pflücken?" Also pflückte er eine Menge Früchte, hielt sie in seinem Schoß und begann wieder zu meditieren. Kurze Zeit später verspürte er Hunger. Er dachte: „So große und leckere Früchte habe ich schon lange nicht mehr gegessen. Ich kann immer noch an einem anderen Tag fasten!" Kaum war dieser Gedanke in seinem Kopf, hatte er die Frucht im Mund.

Viele von uns sind wie dieser Affe. Unser Mind findet ständig Ausreden, um nicht zu tun, was getan werden muss. Wir brauchen Wissen plus Entschlossenheit und müssen unser Ziel fest im Blick haben. Diejenigen, die einen starken Willen haben und darauf hinarbeiten, alle ihre Ziele zu erreichen, werden mit Sicherheit erfolgreich sein.

Werdet nicht Sklaven der Wut

Kinder, Wut ist eine Schwäche, die uns zu Sklaven macht. Wenn wir wütend werden, verlieren wir sowohl unsere Selbstbeherrschung als auch unser richtiges Unterscheidungsvermögen. Wir verlieren jedes Bewusstsein für uns selbst und für das, was wir sagen und tun.

Unser Mind ist heutzutage wie eine Marionette in den Händen anderer. Sie wissen dann genau, wie sie uns manipulieren können. Loben sie uns, werden wir glücklich. Kritisieren sie uns, werden wir unruhig. Unser Leben wird also von den Worten anderer bestimmt. Hüpfen wir dann auch noch vor Wut auf und ab und machen unseren Mitmenschen das Leben zur Hölle, wird das für die Zuschauer zu einem wahren Vergnügen!

Das erinnert Amma an eine Geschichte: Ein Mann ging in einen Friseursalon. Kurz nachdem der Friseur begonnen hatte, ihm die Haare zu schneiden, sagte er zu dem Mann: „Ich habe gestern ihre Schwiegermutter getroffen. Wissen sie, was sie gesagt hat? Sie sagte, dass sie eine ganze Menge Schwarzgeld versteckt haben."

Als er dies hörte, wurde das Gesicht des Mannes rot vor Zorn. „Hat sie das gesagt? Sie ist nicht besser als eine gewöhnliche Diebin! Wissen sie, von wie vielen Leuten sie sich Geld geliehen hat, ohne jemals einen einzigen Paisa zurückzuzahlen? Ich bin derjenige, der alle ihre Schulden zurückzahlt!" Der Mann hörte damit nicht auf. Er beschimpfte seine Schwiegermutter während des gesamten Haareschneidens.

Als der Mann etwa einen Monat später wieder zum Haareschneiden ging, setzte sich der Friseur auf den Stuhl, nahm die Schere in die Hand und begann sofort, von dessen Schwiegermutter zu erzählen. „Ich habe neulich ihre Schwiegermutter getroffen", sagte er. „Sie hat mir erzählt, dass sie ihr kein Geld für den Haushalt geben."

Der Mann wurde wütend. Er begann zu schreien: „Wer ist diese Dämonin, dass sie so etwas sagt! Ich bin es, der alle ihre Kosten trägt - ihre Kleidung, ihr Essen, alles!" Wieder so in Rage geraten, beschimpfte er seine

Schwiegermutter während der gesamten Dauer des Haarschnitts.

Als er ein drittes Mal zum Haareschneiden kam, erwähnte der Friseur erneut seine Schwiegermutter. Diesmal hielt der Mann ihn auf und sagte: „Hey, warum erwähnen sie immer meine Schwiegermutter? Ich will nichts mehr von ihr hören."

Der Friseur antwortete: „Nun, wissen sie, ich erzähle von ihr, weil sie das so wütend macht, dass ihnen die Haare zu Berge stehen. Dann ist es sehr einfach, ihnen die Haare zu schneiden."

Werden wir wütend, wird der Zorn unser Herr und wir werden sein Sklave. Aber mit dem richtigen Verständnis und Selbstbeherrschung können wir das ändern. Wenn wir verstehen, dass Wut eine Schwäche ist, können wir anfangen, unsere Wut zu kontrollieren.

In Wirklichkeit ist jeder Mensch und jeder Umstand ein Spiegel, der unsere Schwächen und Negativitäten reflektiert. So wie wir den Schmutz von unserem Gesicht abwaschen, wenn wir in den Spiegel schauen, sollten wir die unterschiedlichen Lebensumstände dazu nutzen, den Schmutz unserer Schwächen und unserer Negativität abzuwaschen.

Erlangen wir ein spirituelles Verständnis, wird es uns viel leichter fallen, unsere Gefühle und Gedanken zu beherrschen. Ist jemand wütend auf uns, sollten wir uns daran erinnern, dass Wut ein Handicap ist - eine mentale Behinderung. Das wird uns helfen, der Person zu vergeben. Oder wir können darüber nachdenken: „Welchen Sinn hat es, genauso wütend zu werden? Wäre es nicht klüger, sich lieber zu bemühen, das Ego zu überwinden, das die wahre Quelle all des Schmerzes ist, den ich fühle?" Können wir auf diese Weise reflektieren, werden wir unseren mentalen Gleichmut bewahren und jederzeit gelassen bleiben.

Begeisterung ist das Geheimnis des Erfolgs

Kinder, egal in welchem Bereich wir erfolgreich sein wollen, wir brauchen unermüdliche Begeisterung. Egal, welche Hindernisse sich uns in den Weg stellen, wir müssen durchhalten. Wir müssen es immer wieder mit Begeisterung und Selbstvertrauen versuchen. Jemand, der immer begeistert ist, wird immer Erfolg haben.

Ein Kleinkind fällt so oft hin, aber es steht immer schnell wieder auf und versucht weiterzulaufen. Egal, wie oft es stolpert und fällt, es steht immer wieder auf. Selbst wenn es blaue Flecken oder Verletzungen bekommt, versucht es weiter zu gehen. Es lernt laufen, weil es sich unermüdlich anstrengt und begeistert und geduldig ist. Werden wir mit Hindernissen konfrontiert, sollten wir wie dieses Kind weitermachen, ohne uns unterkriegen zu lassen.

Einmal sah eine Ziegenherde auf einem Berggipfel einen großen Weinberg. Alle Ziegenkinder wurden unglaublich aufgeregt. Sie konnten an nichts anderes denken, als hinauf zu stürmen, um die Trauben zu essen! Sie fingen an zu klettern, so schnell sie konnten. Als die älteren Ziegen dies sahen, sagten sie: „Hey, wo wollt ihr hin? Der Weinberg liegt so hoch oben! Da kommt ihr nie hinauf." Als die Zicklein diese Worte hörten, verloren sie ihren Eifer. Bald wurden sie müde und begannen, einer nach dem anderen, wieder hinunterzuklettern. Am Ende blieb nur noch ein Ziegenbock übrig. Es kletterte einfach weiter. Alle Ziegen und Zicklein unten versuchten, das einsame Zicklein zur Rückkehr zu bewegen, aber keiner von ihnen konnte seine Begeisterung dämpfen. Schließlich erreichte er den Gipfel des Berges und aß nach Herzenslust Trauben. Als er wieder herunterkam, empfingen ihn all seine Freunde mit großem Applaus. Als eine Ziege dies sah, fragte sie: „Unglaublich! Wie hast du das geschafft, wenn es kein anderer konnte?" Das Ziegenkind antwortete nicht. Dann sagte seine Mutter: „Mein Kind ist taub."

Tatsächlich erwies sich die Taubheit des Zickleins als Segen. Es war in der Lage, trotz der kritischen Stimmen, die ihn umgaben, die Begeisterung zu bewahren.

Diese Durchsetzungskraft haben wir alle in uns. Doch leider brechen die meisten zusammen und sehen diese wunderbare innere Kraft nicht in sich wenn uns negative Umständen begegnen. Wir sollten achtsam sein und dafür sorgen, dass wir unser Lebensziel immer im Blick behalten. Sind wir uns unseres Ziels bewusst und bemühen uns ständig, können wir scheinbar unmögliche Dinge erreichen.

Heilung der Schuldgefühlen aus vergangene Fehler

Kinder, viele Menschen auf dieser Welt haben Schuldgefühle wegen all der Fehler, die sie wissentlich oder unwissentlich gemacht haben. Viele von ihnen erkranken an Depressionen und anderen psychischen Problemen. Einige von ihnen begehen sogar Selbstmord. Viele Menschen, die Tempel besuchen und auf Pilgerreisen gehen, suchen nach Vergebung für ihre Fehler. Aber nur sehr wenige finden wahren Frieden von der Schuld, die sie verfolgt.

Sich in Bedauern und Traurigkeit über vergangene Fehler zu verlieren, ist vergleichbar mit dem Umarmen und Beweinen einer Leiche. Egal wie viel wir weinen, sie wird nicht wieder lebendig. Genauso können wir nie wieder in der Zeit zurückgehen und unsere Fehler ungeschehen machen. Die Zeit bewegt sich nur vorwärts.

Ziehen sich Kinder eine kleine Schnittwunde zu, kratzen sie normalerweise immer wieder daran und verschlimmern die Infektion. Irgendwann können sie den Schmerz nicht mehr ertragen. Wenn ihr euch immer wieder sagt: „Ich habe diese Fehler gemacht. Ich bin ein Sünder." ist das genauso. Es verwandelt eine kleine Wunde in eine schwere Infektion. Es wird niemals zu Frieden führen.

In jeder Situation müssen wir praktisch denken. Fallen wir, dürfen wir nicht weinend auf dem Boden liegen bleiben. Steht einfach auf und geht weiter. Macht jeden Schritt mit Bedacht. Verliert nicht die Hoffnung.

Ein Reporter fragte einen berühmten Landwirt: „Was ist das Geheimnis ihres Erfolgs?"

Der Bauer antwortete: „Die richtigen Entscheidungen zu treffen."

Wieder fragte der Reporter: „Wie haben sie es geschafft, die richtigen Entscheidungen zu treffen?"

„Durch Erfahrung."

„Wie haben sie Erfahrung gesammelt?"

„Durch falsche Entscheidungen."

Die praktischen Erfahrungen, die der Landwirt mit falschen Entscheidungen machte, halfen ihm, die richtigen Entscheidungen zu treffen. Er war erfolgreich, als er dann die richtigen Entscheidungen traf. Die Geschichte dieses Landwirts lehrt uns, dass selbst falsche Entscheidungen zum Erfolg führen können.

Dieser gegenwärtige Moment ist der einzige Reichtum, den wir haben. Nur im gegenwärtigen Moment können wir unsere Fehler ungeschehen machen und den richtigen Weg einschlagen. Werden wir traurig und grübeln über die Vergangenheit, vergeuden wir den unschätzbaren gegenwärtigen Moment.

Das Wichtigste ist, wie gut wir die Gegenwart nutzen. Das ist es, was unseren Lebensweg bestimmt. Nehmt euch daher fest vor, eure Fehler nicht zu wiederholen. Unternehmt die notwendigen Schritte, um vergangene Fehler ungeschehen zu machen oder wiedergutzumachen. Geht dann zielstrebig weiter. Das ist es, was wir brauchen.

Durch unsere Hektik geht die Schönheit verloren

Kinder, wir leben in einer Welt, in der wir weder Zeit für andere noch für uns selbst haben. Der Grund dafür ist, dass unser Mind ständig mit unzähligen von Gedanken beschäftigt ist, Gedanken über die Vergangenheit, die Zukunft und über Dinge, die wir erledigen müssen. Deshalb können wir nicht erkennen, was in der Gegenwart getan werden muss; wir sind nicht in der Lage, so zu handeln, dass gute Dinge entstehen. Das führt dazu, dass wir keinen inneren Frieden haben und uns die Schönheit dieser Welt entgeht.

Ein Großvater ging mit seinem Enkel regelmäßig in einem nahegelegenen Park spazieren. Eines Tages spürte der Enkel beim Spazierengehen etwas Hartes unter den trockenen Blättern. Er bückte sich um nachzusehen was es war, und fand eine Münze. „Das muss jemand beim Spazierengehen fallen gelassen haben", sagte er und hob es freudig auf. Von da an suchte der

Junge jedes Mal, wenn sie spazieren gingen, das trockene Laub nach Münzen ab. Ab und zu fand er eine oder zwei und steckte sie in seine Tasche. Er erzählte seinem Großvater nichts davon. Als sie nach Hause kamen, sammelte er die Münzen sicher in eine Dose. Dies wurde zu einer Gewohnheit. Etwa fünf Jahre später zeigte der Junge seinem Großvater die Dose und sagte: „Großvater, sieh dir all die Münzen an, die ich auf unseren Spaziergängen gesammelt habe! Es sind mehr als 100 Rupien!"

Der Großvater des Jungen lächelte und sagte: „Sohn, du hast Glück, dass du so viele Münzen gefunden hast. Aber denk an all die Dinge, die du verpasst hast, während du mit der Suche nach Münzen beschäftigt warst. Du hast die schönen Bäume nicht gesehen, die sich im Wind wiegen. Du hast nicht die Vögel gehört, die ihre melodiösen Lieder singen. So viele Sonnenauf- und -untergänge sind vergangen, ohne dass du sie wahrgenommen hast. So viele blühende Blumen, so viele Regenbögen! Du hast das Rauschen der Bäche verpasst, die

Schönheit der Teiche. Sohn, solche Dinge sind unschätzbar."

Ist es nicht oft so in unserem Leben? Viele Menschen gehen mit ihrer Familie an den Strand, um den Sonnenuntergang zu erleben. Trotzdem checken sie ständig ihre E-Mails und Textnachrichten. Inmitten all dieser Schönheit genießen sie diese nicht. Wir verbringen so viel Zeit auf Facebook, sehen aber nicht die Gesichter der Menschen neben uns.

Kinder, so soll es nicht sein. Technik ist gut. Sie kann uns Menschen näherbringen, die weit weg sind, aber sie sollte uns nicht von denen wegbringen, die uns umgeben. Oft ist die Frau offensichtlich so traurig, aber der Mann merkt es nicht einmal. Väter, die Tag und Nacht arbeiten, sollten es trotzdem nicht versäumen, die Geschichten der Familie zu hören. Wie schade ist es, wenn wir einen schönen Garten haben, aber jedes Mal, wenn wir uns darin aufhalten, nur telefonieren und seine Schönheit nicht genießen.

Mentale Unruhe kann die Schönheit dieser Welt leicht verdunkeln. Dann wird das Leben wie eine schöne Blume, die mit Schlamm bedeckt ist. Nur wenn der Mind friedlich ist, können wir unsere Aufgaben gelassen erfüllen und in der Gegenwart leben. Nur dann können wir die Schönheit genießen, die sowohl unsere wahre Natur als auch die Natur der Welt ist.

Lernt, der Gesellschaft etwas zurückzugeben

Kinder, bis vor kurzem galten Selbstlosigkeit und Einfachheit als zwei der wichtigsten Aspekte des Lebens. Heute jedoch ist das Hauptziel der meisten Menschen, so viel Geld wie möglich zu verdienen und so vielen materiellen Reichtum wie möglich anzuhäufen. Tragischer weise denken die Menschen, Erfolg bedeutet; maximal zu nehmen und minimal zu geben.

Nehmen wir etwas von der Natur oder von der Gesellschaft, ist es unsere Verantwortung, etwas zurückzugeben. Sorgen wir dafür, dass wir mehr geben als wir nehmen, dann wird es in der Gesellschaft dauerhaft Frieden, Wohlstand und Gemeinschaft geben. Heute unterhalten die Menschen aber eine Geschäftsbeziehung mit der Gesellschaft und der Natur. Sie haben sogar eine Geschäftsbeziehung mit Gott. Wir sollten versuchen, Hingabe an Gott zu pflegen, statt sogar beim Beten zu versuchen Gewinn zu erzielen.

Ein reicher Geschäftsmann war einmal auf einem Schiff unterwegs. Plötzlich geriet das Schiff in einen schrecklichen Sturm. Der Kapitän verkündete, dass die Überlebenschancen gering seien. Alle begannen zu beten. Der Geschäftsmann begann zu beten: „Gott, wenn ich überlebe, werde ich mein 5-Sterne-Hotel verkaufen und 70 Prozent des Geldes dir spenden. Bitte beschütze mich!" Erstaunlicherweise beruhigte sich die See, sobald er dies sagte. Bald waren alle Passagiere, einschließlich des Geschäftsmannes, sicher an Land. Der Geschäftsmann jedoch war nun in großer Sorge. Er dachte: „Verkaufe ich mein Hotel, bekomme ich mindestens 10 Millionen Rupien und sieben Millionen muss ich Gott geben. Wie schrecklich!" Er versuchte, einen Ausweg zu finden. Am nächsten Tag erschien eine Anzeige in allen Zeitungen. Darin stand: „5-Sterne-Hotel zu verkaufen für nur eine Rupie". Hunderte von Leuten kamen, um das Hotel zu kaufen. Der Geschäftsmann stand da und sagte: „Okay, es stimmt, dass ich das Hotel für eine Rupie verkaufe. Aber es gibt eine Bedingung. Wer das Hotel kauft, muss auch meinen Hundewelpen kaufen. Der Preis für den Welpen beträgt zehn Millionen Rupien." Schließlich meldete sich ein Käufer, der Verkauf wurde abgeschlossen und der Geschäftsmann spendete 70 Paisa für Gott.

Das ist die Einstellung vieler Menschen in der heutigen Welt. Um zu bekommen, was wir wollen, sind wir sogar bereit, Gott zu betrügen.

Heutzutage betrachten wir alles mit den Augen eines Geschäftsmannes. Unser einziges Anliegen sind unsere eigenen egoistischen Interessen, egal in welchem Bereich. Aus diesem Grund glauben viele Menschen, dass sie wachsen oder sich entwickeln. Aber ein solches Wachstum ist wie eine Form von Krebs, ein unausgewogenes Wachstum, das letztlich sowohl zur Zerstörung des Einzelnen als auch der Gesellschaft führt. Individuelles Wachstum ohne Wachstum der Gesellschaft mit einzubeziehen kann nicht als wahres Wachstum bezeichnet werden. Unser Wachstum sollte andere nicht daran hindern, auch zu wachsen. Im Gegenteil, es sollte anderen helfen.

Kinder, was wir der Welt geben, kommt zu uns zurück. Säen wir einen Samen, wird die Erde ihn uns hundertfach zurückgeben. Was wir geben, wird als Segen zu uns zurückkommen, sowohl in der Gegenwart als auch in der Zukunft. Unser Leben wird nicht durch Nehmen, sondern durch Geben reicher.

Spannungen überwinden

Kinder, heute sind die Menschen ständig angespannt. Trotz aller Annehmlichkeiten, die das Leben bietet, können die Menschen ihrer inneren Anspannung nicht entkommen. Ständige Sorgen sind zu unserer zweiten Natur geworden.

Eine Schnittwunde an der Hand nur anzuschauen, sich Sorgen zu machen und zu weinen, wird sie nicht heilen. Wir sollten die Wunde waschen und reinigen und mit Medizin versorgen. Sonst kann sie sich infizieren. Genauso verhält es sich mit Problemen. Machen wir uns nur Sorgen, werden sie nicht gelöst.

Sorgen wir uns wegen unserer Probleme, werden sie eher noch größer. Es ist dann so, als würden wir mit einer hundert Kilo schweren Last um den Hals ein Wettrennen laufen. Wie können wir da gewinnen? Wir werden unglücklich sein.

Normal liegt der Blutdruck eines gesunden Menschen zwischen 80 (niedrig) und 120 (hoch). Ist eine Person mit hohem Blutdruck gestresst, steigt er auf 150 oder 200 an. Eine solche Person kann einen Schlaganfall erleiden und seitlich gelähmt werden. Anspannung schwächt uns innerlich und äußerlich. Ein großer Prozentsatz der Menschen in unserer Gesellschaft hat Herzerkrankungen. Viele tragen einen Herzschrittmacher. Können wir aber den „Herzschrittmacher" der Spiritualität installieren, werden die meisten Herzschrittmacher nicht mehr benötigt.

Ein Guru und seine Schüler gingen in der Sonne spazieren. Als sie einen Baum sahen, setzten sie sich in dessen Schatten. Der Guru bat die Schüler, etwas Wasser zu holen. Etwas entfernt sahen sie einen kleinen Teich. Doch als sie dort mit einem Topf Wasser holen wollten, brachte ein Bauer seine Stiere zur Tränke. Das Wasser wurde völlig schlammig. Entmutigt kehrten die Schüler zum Guru zurück und erzählten ihm, was geschehen war. Der Guru bat sie, sich neben ihn zu setzen. Alle ruhten sich eine halbe Stunde lang im Schatten aus. Dann sagte der Guru: „Nun geht zurück zum

Teich und seht nach." Die Schüler gingen zurück zum Teich und sahen, dass das Wasser jetzt kristallklar war. Sie füllten ihre Töpfe und reichten sie dem Guru. Der Guru sagte: „Das ist der Zustand des Mindes. Tauchen Probleme auf, wird er trüb und unruhig. Aber ist er eine Zeit lang still und leise, wird er wieder ruhig. Dann bekommt er alle seine Talente und Fähigkeiten zurück."

Einfaches Leben und Opferbereitschaft

Kinder, die Ansichten und Werte unserer Gesellschaft ändern sich radikal. Bis vor zwei Generationen waren ein einfaches Leben und Opferbereitschaft unsere höchsten Ideale. Heute jedoch ist Luxus für die meisten das Wichtigste. Verschwendung und Extravaganz sind Teil unseres Lebens geworden.

Manche Menschen geben Tausende von Rupien für zusätzlichen Komfort und Extravaganz aus. Gleichzeitig hungern ihre Nachbarn. Tausend Rupien können den Unterschied ausmachen, ob ein Mädchen heiratet oder ein einsames Leben führt. Manche geben Hunderttausende von Rupien aus, um die Hochzeit ihrer Tochter zu feiern. Andere Familien lehnen ihre Schwiegertochter ab und schicken sie zu ihren Eltern zurück, weil sie nicht genug Mitgift hat. Es gibt so viele solcher Fälle.

Heutzutage neigen die Inder dazu, sehr extravagante Hochzeiten zu feiern. Hochzeiten

können auch ganz einfach vor einem Standes-
beamten vollzogen werden und trotzdem steht
die Hochzeit für Einheit und Glückseligkeit.
Früher sollten die Hochzeitsfeiern die Nachbarn und Freunde erfreuen, damit sie die frisch
Vermählten segnen und das Leben des neuen
Paares mit Frieden und Glück erfüllen. All das
hat sich im Laufe der Zeit geändert.

Wir sollten der äußeren Erscheinung
nicht so viel Bedeutung beimessen. Mit ein
wenig Mitgefühl im Herzen können wir den
Geldbetrag, den wir für die Hochzeit unseres
eigenen Kindes ausgeben, reduzieren und mit
dem Gesparten, armen Mädchen bei der Heirat
helfen.

Heute ist die indische Gesellschaft, insbe-
sondere die Gesellschaft in Kerala, besessen von
Gold. Unsere Gesellschaft hat uns beigebracht,
dass das Malayalam-Wort Penn nicht nur „Frau",
sondern auch „Gold" bedeutet. Manche Frauen
tragen mehr Gold als ein Elefant mit Nettipaṭṭam
(der goldene Kopfschmuck, den Elefanten bei
Feiertagszeremonien tragen). Frauen glauben,
dass sie unvollständig sind, haben sie kein Gold

um ihre Handgelenke und ihren Hals hängen.
Es ist zu einem äußeren Ausdruck des eigenen
Stolzes geworden.

Amma sagt nicht, dass der Kauf von Gold
falsch ist. Wird Gold nach sorgfältiger Über-
legung gekauft, kann es eine gute Investition
sein. Aber Besessenheit ist gefährlich, vor allem,
wenn Eltern sich Geld leihen oder Eigentum
verkaufen oder verpfänden, um die Hochzeits-
kosten zu decken. Diese Besessenheit nach Gold
wird eigentlich nicht von den Frauen, sondern
von der Gesellschaft verursacht.

All unsere Handlungen sollten ausgeglichen
und einfach sein. Alles hat seinen Platz. Alles,
was bestimmte Grenzen überschreitet, kann zu
Adharma führen. Die Ausbeutung der natürlichen Ressourcen der Erde ohne Rücksicht
auf andere ist eine Sünde. Beim Baden oder
Geschirrspülen sollten wir darauf achten, nicht
mehr Wasser zu verwenden, als wir wirklich
brauchen. Verlassen wir einen Raum, sollten
wir Licht und Ventilatoren ausschalten. Wir
sollten niemals Lebensmittel verschwenden. Wir

müssen mit diesen Dingen achtsam sein. Auf der ganzen Welt hungern so viele Menschen.

Wenn wir den Fokus von der Erfüllung unserer eigenen Wünsche hin zur Hilfe für andere lenken, wird unser Leben erfüllt sein.

Sind wir bereit, unsere schlechten Angewohnheiten aufzugeben und uns einzuschränken und nichts mehr zu verschwenden, können wir mit dem gesparten Geld Leidenden helfen, wie z.B Menschen, die sich nicht einmal ein Essen am Tag leisten können. Dann wird das Licht der Freude nicht nur ihr Leben, sondern auch unser eigenes erhellen.

Mitleid im Vergleich zu Mitgefühl

Kinder, auf den ersten Blick unterscheiden sich Mitgefühl und Mitleid nur wenig. Bei genauerem Betrachten erkennen wir, dass sie sehr unterschiedlich sind. So haben wir nur vorübergehend Mitleid, wenn jemand verzweifelt ist. Es hat keine große Auswirkung auf die leidende Person. Die mitfühlende Person bietet der leidenden Person Hilfe an, sagt vielleicht ein paar tröstende Worte, und das gibt ihr selbst ein angenehmes Gefühl. Mitgefühl hingegen bedeutet, das Leid eines anderen wie das eigene zu empfinden. Im Mitgefühl gibt es keine Dualität, sondern nur Eins-Sein. Wird die linke Hand verletzt, tröstet die rechte Hand sie, weil der Schmerz unser eigener ist. So ist es auch mit dem Mitgefühl.

Einmal fragte ein Schüler seinen Guru: „Was ist wahres Mitgefühl?" Der Guru nahm ihn mit auf eine Straße in der Nähe des Āshrams. Dort bat er den Schüler, einen Bettler zu beobachten. Kurz darauf legte eine alte Dame eine Münze in seine Almosenschale und später gab ihm eine reiche Person einen 50-Rupien-Schein. Dann kam ein kleiner Junge vorbei. Er lächelte den Bettler liebevoll an. Er ging zu ihm und sprach so respektvoll mit ihm, als wäre es sein älterer Bruder. Der Bettler war sehr glücklich. Der Guru fragte den Schüler: „Wer hatte von diesen drei Menschen wahres Mitgefühl?"

Der Schüler antwortete: „Der reiche Mann".

Der Guru lächelte und sagte: „Nein, er hatte weder Mitgefühl noch Sympathie. Es ging ihm nur darum, seine menschenfreundliche Natur zur Schau zu stellen."

„Die alte Dame?", fragte der Schüler.

„Nein", sagte der Guru. „Die alte Dame hatte Mitleid, aber sie sah den Bettler nicht als ihresgleichen an. Sie wollte seine Armut nicht wirklich beseitigen. Wir können nur das Kind als mitfühlend bezeichnen. Er behandelte den Bettler, als seinesgleichen. Obwohl der Junge dem Bettler nicht besonders viel helfen konnte, gab es eine Herzensverbindung und gegenseitiges Verständnis. Was der Junge dem Bettler entgegenbrachte, war wahres Mitgefühl."

Die Welt braucht nicht unser flüchtiges Mitleid, sie braucht unser tiefes Mitgefühl. Empfinden wir das Glück und das Leid der anderen als unser eigenes, entsteht Mitgefühl. Dann entsteht Liebe und die Bereitschaft zu dienen. Mitgefühl ist die einzige Medizin, welche die Wunden der Welt heilt.

Die richtige Einstellung ist entscheidend

Kinder, viele Menschen sind völlig enttäuscht aufgrund von Problemen, die sich aus der Arbeit und dem Leben im Allgemeinen ergeben. Das liegt vor allem an ihrer mentalen Einstellung oder ihrer falschen Lebensauffassung. Ihr Leben würde sich grundlegend ändern, würde ihnen jemand den richtigen Weg zeigen und sie ermutigen diesen zu gehen. Dann würden sie sich nicht mehr belastet fühlen und könnten sogar zu positiven Vorbildern für andere werden.

Ein Student wollte unbedingt Arzt werden. Er hat jedoch die MBBS-Aufnahmeprüfung um eine Note nicht bestanden und wurde nicht zugelassen. Weil er so enttäuscht war, konnte er keinen anderen Studiengang wählen. Nach einer Weile bewarb er sich auf Wunsch seiner Verwandten um eine Stelle in einer Bank. Er bekam die Stelle, grübelte aber weiter darüber nach, dass er es nicht geschafft hatte, Arzt zu werden. Deshalb war er nicht in der Lage, die

Kunden der Bank mit Liebe zu bedienen oder
sie auch nur anzulächeln. Ein Freund, der seinen
mentalen Zustand erkannte, brachte ihn zu
einem Guru. Der Mann schüttete dem Guru
sein Herz aus. „Ich habe meinen Mind nicht
unter Kontrolle. Ich werde wegen Kleinigkeiten
wütend. Ich behandle die Bankkunden nicht
mit Respekt. Unter diesen Umständen glaube
ich nicht, dass ich dort weiterarbeiten kann.
Was soll ich tun?"

Der Guru tröstete ihn und sagte: „Sohn,
wenn ich einen sehr engen Freund dorthin
schicken würde, wie würdest du ihn behandeln?"

„Ich würde ihm gerne mit allem helfen,
was er braucht."

„Dann betrachte ab sofort jeden Kunden
als jemanden, der extra von Gott geschickt
wurde. Dann wirst du in der Lage sein, jedem
Menschen mit Liebe zu begegnen."

Von diesem Tag an veränderte sich die
Haltung des jungen Mannes. Diese Veränderung spiegelte sich in all seinen Gedanken
und Handlungen wider. Als er lernte, jeden
Kunden als von Gott gesandt zu betrachten - als

Ebenbild Gottes - wurden seine Handlungen wahrhaftig zu einer Form der Verehrung. Jeglicher Kummer verschwand. Sein Herz war mit Zufriedenheit und Genugtuung erfüllt. Er war in der Lage, das Glück, das er empfand, an andere weiterzugeben.

Hingabe ist sehr wertvoll, um die richtige mentale Einstellung zu entwickeln. Ein Mensch, der an Gott glaubt, wird Gott als das eigentliche Zentrum seiner Existenz sehen. Er wird Gott in allem sehen. Er wird all seine Handlungen Gott übergeben. Wenn jemand das, was er tut, als Verehrung Gottes betrachtet, hilft das nicht nur ihm selbst, sondern auch der gesamten Gesellschaft.

Der Weg des Friedens

Kinder, schaut Amma heute auf die Welt, ist sie traurig. Überall gibt es Tränen und Blutvergießen. Die Menschen zeigen nicht einmal Kindern gegenüber Mitgefühl. Jeden Tag werden so viele unschuldige Leben in Kriegen und Terroranschlägen ausgelöscht. Es stimmt, dass es auch früher Kriege gab, aber damals hätte man nie gegen einen Unbewaffneten gekämpft. Auch waren Kämpfe nach Sonnenuntergang nicht erlaubt. Damals wurden solche Verhaltensregeln befolgt. Heute jedoch ist jede Methode der Zerstörung akzeptabel - egal wie grausam sie ist oder ob sie gegen das Dharma verstößt. Wir sehen eine Welt, die von Egoisten und Egomanen beherrscht wird.

Die Ursache für all die Zerstörung ist das Ego. Zwei Arten von Egos sind am schlimmsten. Das eine ist das Ego der Macht und des Reichtums. Das andere ist das Ego des „Nur meine Ansicht ist richtig! Alles andere werde ich nicht tolerieren." Ein solcher Egoismus macht Frieden und Zufriedenheit unmöglich, sowohl in unserem persönlichen Leben als auch in der Gesellschaft als Ganzes.

Alle Standpunkte haben ihren Wert. Wir müssen uns bemühen, sie zu verstehen und zu akzeptieren. Wir müssen bewusst versuchen, die Meinungen aller Menschen zu verstehen. Gelingt uns das, können wir dem sinnlosen Krieg und all dem Blutvergießen um uns herum ein Ende setzen.

Um die Ansichten anderer wirklich zu verstehen und zu respektieren, müssen wir zuerst Liebe in uns selbst entwickeln. Viele Menschen geben sich große Mühe, eine andere Sprache zu lernen. Sie haben Interesse und viel Begeisterung dafür. Es reicht jedoch nicht aus, die Sprache eines anderen Volkes zu lernen, um es zu verstehen. Dazu brauchen wir die Sprache der Liebe. Das ist die Sprache, die wir völlig vergessen haben.

Um Geld für eine humanitäre Organisation zu sammeln, ging eine Gruppe Freiwilliger zu einem Gespräch mit dem Firmenchef. Sie schilderten ausführlich die elenden Zustände der leidenden Menschen, denen sie zu helfen versuchten. Ihre Geschichten von Schmerz und Traurigkeit brachten das Herz eines jeden zum Schmelzen, aber der Geschäftsmann war völlig ungerührt und uninteressiert. Voller Enttäuschung bereiteten sich die Freiwilligen darauf vor zu gehen. In diesem Moment sagte der Geschäftsmann: „Stopp. Ich werde ihnen eine Frage stellen. Beantworten sie diese richtig, helfe ich ihnen. Eines meiner Augen ist künstlich. Können sie mir sagen, welches?"

Die Freiwilligen sahen sich seine Augen genau an. Dann sagte einer von ihnen: „Es ist das linke Auge".

Der Geschäftsmann sagte: „Erstaunlich! Noch nie hat jemand den Unterschied feststellen können. Es war sehr teuer. Wie konnten sie das erkennen?"

Der Freiwillige sagte: „Ich habe genau in ihre beiden Augen geschaut. Das rechte zeigte ein bisschen Mitgefühl. Das linke war wie ein Stein. So wusste ich sofort, dass ihr rechtes Auge das echte war."

Dieser Geschäftsmann ist das perfekte Symbol für unsere heutige Zeit. Heute sind unsere Köpfe heiß und unsere Herzen kalt. Was wir brauchen, ist das Gegenteil: Unser Kopf sollte kühl und unser Herz sollte warm sein. Der kalte Egoismus in unserem Herzen muss sich in die Wärme der Liebe und des Mitgefühls verwandeln und die Hitze des Egos muss sich in die kühlende Weite der Selbsterkenntnis verwandeln.

Liebe und Mitgefühl sind unser größter Reichtum, den wir heutzutage verloren haben. Ohne Liebe und Mitgefühl gibt es keine Hoffnung für uns oder für die Welt. Lasst uns die Sanftheit und Zärtlichkeit dieser göttlichen Qualitäten in unseren Herzen erwecken.

Die Haltung eines Anfängers beibehalten

Kinder, wir müssen uns immer die Haltung eines Anfängers bewahren. Dies bedeutet, Demut, optimistischen Glauben und Begeisterung zu haben. Dazu brauchen wir die Offenherzigkeit, alles als gut anzunehmen, egal woher es kommt. Können wir dies tun, erwachen Demut, optimistischer Glaube und Begeisterung automatisch in uns. Dann werden wir in der Lage sein, aus all unseren Erfahrungen zu lernen. Wir werden auch in jeder Situation richtig reagieren. Ist unser Herz aber nicht offen, verfallen wir nicht nur unserem Ego und unserer Sturheit, sondern machen auch viele Fehler und verlieren die Fähigkeit, das anzunehmen, was gut für uns ist. Eine solche Haltung führt zur Selbstzerstörung.

Eines Tages während des Mahābhārata-Krieges, standen sich Arjuna und Karṇa im Kampf gegenüber. Lord Kṛiṣhṇa lenkte den Streitwagen für Arjuna. Śhalya war der Wagenlenker für

Karṇa. Arjuna und Karṇa beschossen sich gegenseitig mit Pfeilen. Schließlich wollte Karṇa, um Arjuna zu Fall zu bringen, einen Pfeil auf Arjunas Kopf schießen. Als Śhalya dies sah, sagte er: „Karṇa, wenn du Arjuna töten willst, ziele nicht auf seinen Kopf. Ziele auf seinen Hals."

Karṇa antwortete egoistisch: „Wenn ich ziele, ändere ich meine Meinung niemals. Ich werde diesen Pfeil direkt auf Arjunas Kopf schießen!" Karṇa schoss daraufhin den Pfeil ab.

Lord Kṛiṣḥṇa sah den Pfeil direkt auf Arjunas Kopf zufliegen und stieß den Wagen schnell mit seinen heiligen Füßen nach unten. Die Räder des Wagens sanken in die Erde und der Pfeil, der Arjunas Kopf treffen sollte, traf nur seine Krone. Die Krone wurde getroffen, aber Arjuna wurde gerettet. Bald darauf tötete Arjuna Karṇa.

Hätte Karṇa Śhalya zugehört, hätte er Arjuna geschlagen und getötet. Aber Karṇas Ego erlaubte es nicht, Śhalyas Rat zu akzeptieren. Das führte zu Karṇas Zerstörung.

Die Einstellung „Ich weiß alles" hindert uns daran, zu lernen. Ist ein Becher bis zum Rand voll was kann man dann noch etwas hineingießen? Erst wenn der Eimer leer ist und im Wasser versinkt, kann er gefüllt werden. Selbst ein Nobelpreisträger muss, wenn er Flöte spielen lernen will, die Haltung eines Anfängers und eines Schülers einnehmen.

Die Haltung eines Anfängers ist der Zugang zu einer Welt des Wissens und der Weite. Das ist die Haltung von „ich weiß nichts; bitte bring es mir bei". Aus dieser Haltung heraus werden wir überall Gnade empfangen, leicht Wissen erlangen und Erfolg im Leben erfahren.